싱글로
가는 길

이상무 글·그림

아키온
ARCHAEON

싱글로 가는길 ③

개정판 1쇄 ︱ 2012년 5월 21일
개정판 4쇄 ︱ 2020년 9월 30일

글 그 림 ︱ 이상무
펴 낸 곳 ︱ 아키온
펴 낸 이 ︱ 김영길
등록번호 제 2013-000032호
주   소 ︱ 서울특별시 강북구 오패산로 30길 74-201(미아동)
전   화 ︱ 02-365-6368
팩   스 ︱ 02-365-6369
E-mail : dongin365@hotmail.com

ISBN ︱ 978-89-8482-134-7(세트)
ISBN ︱ 978-89-8482-135-4

정가 16,000원

이제는 골프가 대중적인 스포츠이자 여가수단으로 확실히 자리잡았다. 이는 골프가 가진 특별한 매력들이 대중에게 인식되어 지속적으로 참여를 유도하기 때문일 것이다. 본인도 25년 전에 골프를 시작하여 지금까지 계속 특별한 느낌을 가지고 골프를 접하고 있다. 필드에 나갈 때마다 신선한 두근거림이 있고 잘하려는 의욕이 생겨난다.

결코 짧지않은 세월을 골프와 관계하며 살면서 그 동안 골프관련 도서를 여러권 출간하고 신문,방송 등에 출연하다보니, 본인의 직업도 만화가에서 이제 '골프만화가'로 바뀌지 않을까 염려가 된다. 그러나 골프레슨과 만화의 결합은 본인의 의도보다 훨씬 효과적인 골프레슨 수단이 된다는 점이 기쁘기 그지 없다.

이 책은 이미 10여년 전에 '스포츠조선'에 연재되고 출간되어 많은 독자들의 호평을 받은 것이다. 그러나 당시에 여러가지 조건상 편집이나 교정 등에 제한이 있어서 이번에 이를 보완하여 내용의 배열을 바꾸고 철저히 교정했으며, 흑백 인쇄를 풀컬러로 전면 개정을 통해 그 동안 내가 독자들에게 가졌던 마음의 빚을 조금이나마 덜고싶은 마음으로 다시 책을 꾸며보았다. 아직 미진한 부분이 많으므로 독자의 질책을 달게 받겠으며, 앞으로 더욱 새롭고 내용있는 책으로 보답하겠다는 약속을 드린다.

이 책의 특징으로는 첫째, 기초에서 고급테크닉까지 구체적이고 재미있게 설명했다. 둘째, 글이나 사진으로 설명하기 어려운 부분을 그림을 통해 설득력있게 보여줌으로 실력향상에 현실적인 도움이 된다. 셋째, 모든 운동이 그렇듯 골프도 자신과 타인과 공간환경과의 관계속에서 이루어지는 운동이다. 이 책은 골퍼가 자신이 처한 환경과의 적절한 관계설정을 통해 골프와 인생을 즐기는데 도움이 될 것이다.

'골프가 싱글핸디캡이면 인생은 9단이다.' 독자여러분의 일취월장을 기대한다.

2012. 5

차 례

제 1 장
벙커 샷

여러분 안녕하세요?

앗! 이슬기 프로

와. 이게 얼마만입니까 응…

시합때문에 좀 바빴어요.

우리 사부님 활약상이야 매스컴을 통해 다 알고 있었죠.

그동안 많이들 발전했겠죠.

우리 말입니까?

내 베스트 기록이 갱신됐다구요.

지난 주에 드디어 싱글스코어를 기록했다 그겁니다. 80을 쳤다구요.

어머!

하하… 엉터리기록 믿지 말아요 몰간(멀리건) 하나받고 낸 스코어인데 뭘

악!

첫타에서 몸이 안풀려서 낸 OB라고 몰간을 줄땐 언제고 그걸 폭로해요?

그러게 좀 얌전히 있으면 안되나

두분은 여전하시군요

골프란 하면 할수록 어려운 것 같아요

이거다 싶으면 또 어느날 그게 아니고…

그래서 꾸준한 연습만이 발전이 있는 거지요.

내일부터 다시 한번 라운딩하며 교정해보도록 합시다.

와! 좋습니다.

또 다시 데이트가 시작되는구나.

또 탈출 실패다.

벙커만 들어갔다하면 이모양으로 질퍽대니…

좋아요 벙커샷의 기본을 가르쳐 드리죠

불안정한 모래속에서 공앞에 클럽헤드를 쳐넣어 그 폭발력으로 공을 탈출시키는 특수한 샷입니다.

먼저 자세인데 모래속에서 안정된 균형을 위해 평소보다 스탠스를 넓게 합니다.

4 6 체중 분배 왼발6, 오른발4

그리고 목표를 향해 오픈 스탠스를 취합니다. 이것은 팔로우때 헤드의 빠짐을 좋게하기위한 것이지만 양어깨선은 목표(핀)를 향합니다.

스윙은 오픈한 스탠스를 따라 치켜올려 휘둘러 내립니다. 즉, 아웃사이드인의 커트타법이 되는 셈이죠.

스탠스를 오픈으로 하면 공이 날아가는 방향이 마음쓰일지 모르지만 양어깨선이 목표를 향해 있으면 공은 반드시 그 방향으로 날아갑니다.

이런 젠장 공에 직접 맞았어.

너무 가깝게 서면 공은 나가지 않고, 공의 옆에 클럽헤드를 쳐박으려 하면 지금처럼 공에 바로 맞죠.

조사장님은 백스윙을 인사이드로 너무 끌어당겨요

NO

클럽헤드를 쳐박는 장소는 공 한개분 앞의 모래입니다.

오픈스탠스로 서면서 백스윙을 인사이드로 끌어당겨서는 생각한 장소에 클럽헤드가 떨어지지 못하죠

NO

백스윙은 오픈으로 취한 양다리를 따라 휘둘러 올라 갑니다.

YES

이때 그립이 오른쪽다리를 지나갈 무렵 콕하기 시작하여 헤드를 높이 올립니다.

이처럼 빨리 콕하면 클럽의 위치는 낮아도 헤드는 높아지죠

이렇게 하면 아웃사이드인의 스윙궤도(커트타격)여서 위로부터 목표에 헤드를 떨어뜨리기 쉬워집니다. '클럽은 낮게 헤드는 높게' 가 백스윙의 철칙입니다.

아…
짧아.

나는 가까운 거리보다 먼 거리의 벙커가 어려워요.

먼 거리와 가까운 거리의 벙커샷의 간단한 기본방법을 말하죠.

단, 오픈스탠스에서 아웃사이드인의 커트타격의 기본은 어느 쪽이나 같습니다.

먼 거리의 벙커샷일 때는 볼에 가깝게 자세를 취합니다. 이렇게 하면 헤드가 공 가까이에 붙기 쉬워지고 거리도 나옵니다.

반면 짧은 거리일 때는 공과 떨어집니다. 이렇게 하면 공의 조금 앞에 헤드가 들어가 날아가는 거리를 줄일수가 있습니다.

멀다.

가깝다.

역시…
그래도 벙커샷은
쉽지않아.

그럼 좀더
벙커샷 공부를
합시다.

공 옆을
폭파시키며
옆에서 헤드가
들어오면
장소가 일정치
않게 됩니다.

벙커샷은 목표로 하는
공의 바로 앞 5cm에서
위로부터 클럽헤드를
쳐내려와 박아야
합니다.

위에서 떨어지듯
쳐내려오는
것이죠.

YES

목표로 한 지점에
헤드를 떨어뜨리기
위해 백스윙하며
클럽을 세워
올립니다.
클럽을 예각으로
세워올리는 거죠.

그러기 위해서는
콕을 빨리
사용합니다.

백스윙을
시작함과
동시에 콕을
하는 기분으로
합니다.

콕을 하는 요령은
그립의 왼손엄지
손가락을 세우는
느낌입니다.

엄지손가락이
전방을 가리켜서는
안됩니다. 바로 위를
가리키는 것처럼
올립니다.

클럽을 예각으로
해서 올리면 목표로
하는 한점에 헤드를
쳐박기 쉬워집니다.

점(点)을 친다는
느낌으로…

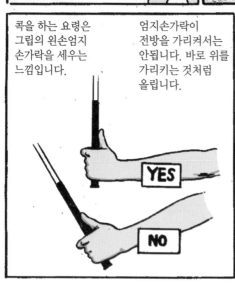

YES

NO

난 크로스벙커샷을 성공시켜본 적이 없단말야.

왜 이런 곳에 벙커를 만들어 놨는지.

일반적으로 크로스벙커에서의 샷을 어려워하죠.

이것을 능숙하게 칠수 있으면 상급자 라고 할 수 있죠.

치는 법은 먼저 스탠스를 단단히 합니다.

그리고 중요한 것은 발이 잠겼으니 반드시 클럽을 짧게 잡습니다.

스탠스는 오픈으로 하고 공의 위치는 평상시보다 양발의 중앙에 둡니다.

이것으로 자세는 완료됩니다.

다시 말하지만 몸이 휘청거려서는 제대로 휘두르지 못합니다. 발디딜 곳을 단단히 다집니다.

스윙은 허리로 부터 위에서 친다는 느낌입니다.

힐업하거나 체중이동도 안됩니다.

조금이라도 뒤땅을 치면 비거리가 나오지 않습니다. 공만 제대로 쳐야하죠.

그러기 위해서도 클럽을 짧게 잡고 크게 휘두르지 않고 8할의 힘만으로 칩니다.

15

아이쿠!

또 실패다.

뒤땅을 쳤어요.

실패의 원인은 여러가지가 있지요.

첫째, 공을 떠올리려고 하는 것입니다.

그 원인은 자세에 있습니다. 오른쪽 다리에 체중을 걸쳐서 왼쪽어깨가 올라가 있었습니다. 그래서 떠올리게 된 것입니다.

체중은 좌우반반씩 걸칩니다

어깨의 선도 지면과 평행되게 합니다.

둘째손의 위치가 조금 내려가 있었습니다.

핸드다운은 뒤땅을 치기가 쉽습니다. 좀더 손의 위치를 올려 자세를 취합니다.

뒤땅을 치는 원인은 또하나 있습니다.

너무 공 가까이에 있었기 때문입니다. 조금더 공에서 떨어져 섭니다.

앞에서도 말한바 있지만, 연습장에서 티 위에 올려놓고 치는 연습을 하면 크로스벙커샷에 강해집니다.

하반신을 사용하지 말고 팔만으로 위에서 부터 공을 히트하는 것을 몸에 익혀 두세요.

그린까지 200야드가 남았는데 크로스벙커에선 우드보다 아이언쪽이 안전한가요?

그렇지 않아요.

오히려 우드쪽이 치기쉬운 경우가 많아요.

크로스벙커에서 롱아이언으로 치는 것은 골프에서 가장 어려운 샷에 속합니다.

170야드 이상이라면 우드를 권합니다.

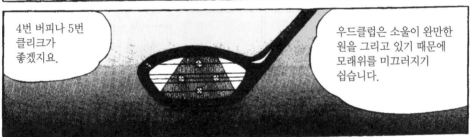

4번 버피나 5번 클리크가 좋겠지요.

우드클럽은 소울이 완만한 원을 그리고 있기 때문에 모래위를 미끄러지기 쉽습니다.

치는 법은 아이언의 크로스벙커샷과 같습니다. 공을 거의 한가운데에 놓고 다리는 사용치 않고 허리로부터 위에서 치는 느낌으로 합니다.

단 우드의 사용은 라이가 아주 좋은 경우와 벙커둑이 낮은 경우에 사용해야 합니다.

그린까지 60야드 정도의 벙커샷인데

이경우 익스프로전 (공 바로앞의 모래를 친다)으로는 공이 그린까지 도달치 못하므로

공을 바로 히트하는 방법이 됩니다.

프로라도 핀에 붙이는 것은 힘든 벙커샷 이로군요.

조금이라도 뒤땅을 치면 비거리가 나오지 않으므로 정확하게 공만을 히트해야 합니다. 게다가 거리를 맞춰야만 하기 때문에 어렵습니다.

클럽은 피칭웨지가 좋겠지요.

오픈스탠스

공은 왼쪽 발끝에 놓습니다.

손은 평상시와 같은 위치니까 핸드 퍼스트의 자세로 단단하게 쥡니다.

페이스도 피칭웨지가 1번아이언의 로프트가 될 정도로 덮어씌웁니다.

이 자세에서는 콕 하지않고 팔만으로 올립니다.

어깨의 선과 양팔이 만드는 삼각형의 모양을 무너뜨리지 않도록 하여 공을 히트하는 겁니다.

팔로우는 의식하지 않고 공을 히트하면 끝입니다.

더욱이 이 샷은 런이 나오니까 미리 런을 계산하여 거리를 맞춥니다.

뚝

어이쿠!
뒤땅이다.

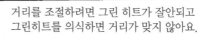

거리를 조절하려면 그린 히트가 잘안되고
그린히트를 의식하면 거리가 맞지 않아요.

그 점이 60야드 정도의
벙커샷의 어려움이죠.

지금 미스의
원인은
두가지가
있어요.

스탠스가 너무
넓다는 것과
클럽을 너무
길게 잡은
것이죠.

60야드
정도이니까
그렇게 넓은
스탠스는
필요치
않습니다.

또 스탠스를
좁게 하면 큰
스윙을 할 수
없으므로 세게
히트해도
거리는 맞습
니다.

클럽은 짧게
잡는 편이
그린히트하기
쉽습니다.
(공을 바로
맞히기)

그리고 클럽을
짧게 잡으면
조금 세게쳐도
거리가 나오지
않기 때문에
안심하고 칠수
있습니다.

처음부터
60야드밖에
나오지 않는
자세를
취합니다.

이 자세라면
거리의 조절을
너무 의식하지
않고 그린히트
만을 생각하고
칠 수
있습니다.

역시 힘껏 쳐도
거리가 맞는
군요.

벙커에 빠졌는데 멋지게 탈출해야지.

쳇! 고무래에 걸려버렸군.

어!

으아…굴러가서 다시 빠졌다.

걱정하지 않아도 됩니다. 다시 볼을 갖다 놓으세요.

1벌타를 먹고 갔다놓으란 말인가요?

벌타없이 옮길 수 있습니다.

규칙 제24조 1항에 의한 "옮길수 있는 장애물"로 '볼이 장애물 안 또는 위에 얹어 있지 않을때, 이 것을 제거할 수 있다. 그 볼이 움직였을 때는 벌타없이 리플레이스하지 않으면 안된다' 라는 룰에 의한 것으로 보면됩니다.

반면 조사장님은 벙커샷을 하기 전에 고무래를 치워놓고 하셨어야 했어요.

또한 고무래를 치울 때도 공 뒤에 마크를 하고 난뒤 치웠어야 했지요.

으아… 그런 룰이 있는 줄은…

공이 벙커에 들어갔네. 벙커는 딱 질색인데.

퍽'

역시… 이렇다니까.

벙커를 좋아하는 골퍼가 있나요.

벙커샷에서 탈출하거나 못하는 건 헤드를 떨어뜨리는 지점에 따라 다릅니다.

공에 너무 가깝거나 멀기 때문이죠.

보통샷과 같이 백스윙에서 손목을 사용치 않고 낮게 올려가며, 다운 스윙도 낮게 내려와서 그렇습니다.

헤드가 낮게 내려오면 뒤땅이나 탑볼이 되기 십습니다.

좀더 위에서 헤드를 떨어뜨려줍니다. 그편이 항상 원하는 지점에 떨어뜨리기 쉽습니다.

따라서 백스윙은 재빨리 손목을 사용하여 헤드를 높이 올려줍니다. 헤드만 높이 올린다는 느낌입니다.

그리고 위에서부터 탁쳐 내려치고 빠집니다. 벙커샷은 먼저 손목을 사용하여 헤드를 높이 올리는 것이 중요합니다.

위에서부터 헤드를 떨어뜨리는 편이 겨냥한 지점(공의 5cm 앞)에 떨어뜨리기 쉽습니다. '손은 낮게 헤드는 높게'가 백스윙의 철칙입니다.

어이쿠
너무 깊이
들어갔어.

공에 너무
가깝게 섰어요.

그럼 퍼올려치기
쉽습니다.

벙커샷의 경우 좀더
공에서 떨어져서 무릎을
구부린 자세를 취합니다.

손목을 사용하여
재빨리 올린다고
했지.

무릎을 구부린다고
X각이 돼서는
하반신이
불안해집니다.

차라리 안짱다리 자세를
취합니다.

그럼 하반신이
안정되고 양무릎에
여유를 가지게 돼
무릎을 사용하기
쉬워집니다.

벙커샷은 오픈 스탠스의
커트샷입니다. 공에 너무
가까이 서면 양무릎이 펴져
무릎을 사용치 못해
퍼올려치게 됩니다.

벙커샷에서는
보통샷보다 공에서
조금 떨어져서
양무릎을 사용하기
쉽게 하여 칩니다.
이렇게 하면
위에서부터
커트타법이라고 하는
벙커샷의 기본을
파악할 수 있습니다.

좋습니다.

어디 다시 한번 탈출해보자.

역시…

먼저 슈즈를 모래에 묻어 발밑을 단단히 합니다.

발이 묻힌 만큼 클럽을 짧게 잡습니다.

백스윙 다운스윙때 너무 몸이 좌우로 움직입니다.

그렇잖아도 불안정한 모래 위에서 몸이 움직이면 목표한 지점에 헤드를 떨어뜨릴 수 없습니다.

오픈 스탠스로 왼다리에 체중을 많이 걸치고

백스윙에서 체중을 오른다리로 이동 시키지 않습니다.

4

체중 6

그대로 손목으로 헤드를 올려갑니다.

체중

이렇게 하면 백스윙에서 몸이 오른쪽으로 움직일리가 없습니다.

백스윙에서 몸이 움직이지 않으면 다운 스윙에서 왼쪽으로 흐르지 않습니다.

벙커샷은 손목으로 치는게 좋다고 하는데 몸을 사용하면 겨냥한 장소에 헤드를 떨어뜨리기 힘들기 때문입니다.

처음부터 체중을 왼쪽다리에 실어 놓으면 몸은 왼쪽으로 움직이지 않으며, 오픈스탠스는 백스윙에서 몸이 왼쪽으로 움직이는 것을 막아주는 역할도 합니다.

왼쪽 팔꿈치를 펴지않는 것이 좋아요.

왼쪽 팔꿈치를 펴면 손이 돌아가기 쉬워집니다.

그러면 헤드의 빠짐이 나빠 헤드가 모래에 파묻혀 빠지지 않죠.

왼쪽 팔꿈치?

또한 훅그립도 안됩니다.

훅그립도 손이 돌아가기 쉬워집니다.

왼손 엄지손가락을 샤프트에 바로 놓아 엄지와 검지가 만드는 V자가 얼굴을 가리키도록 합니다.

페이스의 방향은 가능한한 바뀌지 않도록 합니다.

목표를 향해 그대로 휘둘러 빠집니다.

왼쪽 팔꿈치를 가볍게 굽힌채 휘두르면 팔꿈치의 빠짐이 좋아집니다.

왼쪽 팔꿈치가 잘빠지면 페이스의 방향도 변하지 않습니다.

때문에 어드레스때부터 왼쪽 팔꿈치는 가볍게 굽혀둡니다. 이편이 손이 돌아가지 않으며 페이스의 방향도 변하지 않습니다.

팔로우에서의 팔꿈치의 빠짐은 매우 고도의 기술이지만 공을 높이 올리거나 거리를 맞추기 위해서는 반드시 익혀야 할 기술입니다.

내 공이 하필 이런 곳에…

벙커의 턱밑이야.

왼발은 벙커안 오른발은 벙커 밖에 놓아야 합니다.

이거 이래가 지고…

핀과 반대 방향으로 내보내는 게 낫지 않겠어요?

글쎄요.

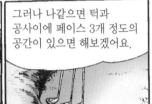

그러나 나같으면 턱과 공사이에 페이스 3개 정도의 공간이 있으면 해보겠어요.

먼저 왼쪽다리 하나로 섰다고 할 정도로 체중을 왼쪽에 싣습니다.

치는 법은 박힌 공을 칠 때와 같습니다.

클럽페이스를 덮어 핸드퍼스트의 자세를 취합니다.

손목을 사용하여 클럽헤드를 빨리 높이 올려 바로 위에서부터 공의 앞모래에 헤드를 떨어뜨립니다.

체중은 스윙중 내내 왼다리에 걸친다.

임팩트의 폭발력만으로 공을 날리므로 힘껏 헤드를 모래에 세게 쳐 넣을 필요가 있습니다.

힘이 약하면 공은 나오지 않습니다. 물론 팔로우는 필요 없습니다.

26

우와 박혀있다.

완전 계란 프라이…

힘껏 칠 수밖에…

퍽

역시 안나온다.

대부분 벙커샷에서 프라이는 질색이지요.

이 경우는 오픈스텐스를 취하며, 공은 앞발의 중앙

그리고 중요한 것은 페이스를 엎어 어드레스 하는 일입니다.

공이 반이상 모래에 묻혀 있으므로 헤드를 그 밑으로 박아 넣어야만 합니다.

그러기 위해서는 페이스를 엎어 헤드가 모래속에 들어가기 쉽게 해주어야 합니다.

핸드 퍼스트의 자세를 취하여

손목을 사용하여 재빨리 헤드를 높이 올리며 위에서부터 강하게 모래속에 박아 넣습니다.

체중은 스윙중 내내 왼다리에 걸친다.

체중

깊게 모래속으로 박아 넣기 위해 팔로우는 취하지 않습니다. 박아넣는 폭발력으로 공을 내보냅니다.

또한 내보내진 공은 런이 많이 나오니까 그것도 감안하여 세기를 조절합니다.

27

페어웨이 벙커에서 치는 법은, 발밑이 불안정하므로 구두를 모래에 충분히 묻어 안정을 꾀합니다.

기초가 단단하지 않으면 몸이 흔들리게 됩니다.

구두가 파묻힌 만큼 클럽을 짧게 잡습니다.

또한 벙커에서는 조금이라도 뒤땅을 치면 클럽과 공과의 사이에 모래가 끼어서 공이 날지 않습니다.

옆에서 쓸어치면 뒤땅을 치기 쉬우니 위에서 공을 히트 시킵니다.

YES

NO

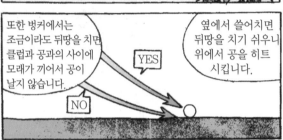

위에서부터 치기 때문에 약간 오픈스탠스를 취합니다.

공의 위치도 평소보다 중앙 가까이에 놓습니다.

공이 중앙가까이에 있는 만큼 핸드 퍼스트의 자세가 됩니다.

이렇게 하여 위에서부터 공을 히트합니다.

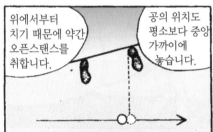

체중은 왼다리에 많이 싣습니다.

이런 것은 모두 위에서부터 공을 잡기위한 준비 입니다. 뒤땅을 치지않기 위한 준비인 것입니다.

체중

힘을 주지않고 7할의 작은 스윙을 하면 됩니다.

팔로우를 크게 취하지 않습니다. 크게 휘두르면 몸의 축이 움직여 깨끗하게 히트할 수 없습니다.

왼다리에 체중을 실은 채 치면 체중이동은 하지 않습니다.

앗! 제대로
맞은
감촉이다.

우와…그런데
슬라이스가 났다.

공은 제대로
잘 맞혔는데
역시 하체가
흔들렸어요

하체?

모래위의 스탠스라서
조금만 스윙 동작이
커도 하체가 흔들립니
다. 이때 왼다리가
무너지면서

몸이 오픈됨과
동시에 클럽
헤드도 임팩트
순간 열려 맞는
것입니다.

때문에 벙커나
디보트처럼 모래
위에 있는 볼은
약간의 슬라이스가
난다고 생각하는
편이 좋습니다.

뒤땅은 절대금물이기
때문에 공은 위에서
부터 바로 잡는 것이
포인트인 반면, 클럽이
공을 끌고나가는 맛이
부족하기 때문에
때리고 마는 샷이
됩니다. 이때는
슬라이스가 많이
발생합니다.

목표보다
약간 왼쪽을
노리는 것이
안전합니다.

그린까지 다와서 벙커라니… 야단났네.

일반적으로 아마추어들은 벙커에 들어가면 아주 당황하는데

그건 이미 심리적으로 지고 들어 가는 것 입니다.

벙커샷은 탈출할 수 있다는 자신감을 가져야 합니다.

요령만 터득하면 벙커탈출이 그리 어려운 일이 아니기 때문입니다.

초보자들이 그린 에이지에서 어프로치 샷을 할때 뒤땅이나 탑핑으로 온그린을 실패하는 경우가 많습니다만

벙커 샷은 핀에 붙이기가 까다로울 뿐이지 온그린 시키는 일은 그리 어려운 것은 아닙니다.

왜냐하면 벙커 샷은 예민하게 공을 잡아야하는 어프로치 샷과 달리 넉넉하게 공뒤를 폭파시키는 풀 샷에 가깝기 때문입니다.

몇가지 벙커 샷의 요령을 배운 후 틀림없이 탈출한다는 자신감을 갖는 것이 가장 중요한 일입니다.

자신감…

벙커샷에서 깊지가 않은 벙커일 경우 대부분 쓸어치듯 굴려서 그린에 올리려 드는 사람이 많은데, 벙커샷은 가능한한 폭파시켜 올리라는 것입니다.

그리고 하체는 가능한 쓰지말고 팔만으로 치는 것입니다.

그러기 위해 우선 스탠스를 고정하는 것이 필요합니다.

발을 비벼서 단단해질 때까지 설사 발목까지 들어가는 한이 있어도 스탠스를 고정합니다.

클럽의 어드레스는 목표선에 하면을 직각으로 두는 것입니다.

물론 스탠스는 오픈으로 섭니다.

이때 잡은 그립은 발목이 모래에 잠긴 깊이 만큼 짧게 잡아 줍니다.

그리고 왼손그립은 모래의 저항에 지지 않을 만큼 강하게 쥡니다.

그리고 오른손으로 쾅하는 느낌으로 공뒤를 박아줍니다. 거리가 가깝다고 해도 박아주는 강도는 굳이 약할 필요는 없습니다. 클럽헤드를 뉘우고 세우기에 따라 거리는 조절합니다.

어드레스를 신중히 한다고 클럽헤드를 공의 뒷면에 대면 자칫 모래를 건드릴 염려가 있으니 넉넉히 공위에 클럽헤드를 댑니다.

아마추어가 벙커 샷에서 가장 많이 실패하는 경우는 공을 떠올리려는데 있습니다.

벙커가 깊을수록 오직 탈출하려는 마음에서 그런 생각을 더욱 갖게 하는데

떠올리려다 보면 클럽헤드가 모래속에 박히기만 할뿐 탈출은 실패하고 맙니다.

물론 벙커 샷이야 공을 떠올려 그린 위에 올려놓는 것이 목적이지만

그렇다고 떠올리려는 샷으로 공밑을 힘껏 치다보면 클럽이 빠지지 못합니다.

채가 모래 속으로 깊이 들어가기만 할뿐입니다.

떠올리는 샷의 궤도는 큰 원을 그리게되는 샷인데 실패확률이 높습니다.

벙커샷의 궤도는 브이(V)자가 이루어지도록 해야 합니다.

그러기 때문에 벙커 샷은 점을 찍듯이 위에서 가깝게 내려오도록 해야 합니다. 멀리서 오는 샷은 정확히 점을 찍기가 어려워집니다.

다시 반복하지만 벙커 샷은 점을 찍듯이 클럽헤드가 떨어져 내려와야 합니다.

그래서 브이(V)자의 궤도를 이루도록 샷을 해야하는데 그러기 위해서 백스윙 시작과 동시에 코킹을 해 번쩍 올라가는 백스윙을 해야 합니다.

팔은 보통스윙의 반정도만 올라가지만 클럽헤드는 코킹한 손목에 의해 높게 올라갑니다.

이렇게 벙커 샷의 포인트는 '그립은 낮게 헤드는 높게' 입니다.

이렇게 해서 올라간 백스윙에서 코킹된 손목을 풀지않고 그대로 점을 찍듯 공의 5cm뒤를 박아줍니다.

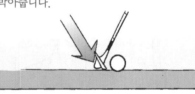

벙커 샷은 자신만 가지고 조금만 숙달하면 그렇게 어려운 샷이 아닙니다. 미리 자신감을 잃는다면 더욱더 어려워지기만 할 뿐입니다.

임팩트후 곧 왼쪽팔꿈치를 당겨서 빼주면 무난히 탈출합니다.

업라이트 스윙의 이점은 페어웨이 우드나 클로스 벙커샷때 더욱 두드러집니다.

특히 크로스 벙커샷을 할때는 거리가 만만치 않게 남아있게 마련인데, 아무래도 페어웨이때 보다 한두 클럽 길게 잡는 것이 통례입니다.

발이 파묻힌 만큼 그립을 짧게 잡기 때문입니다.

벙커에 놓인 공은 아주 약간의 뒤땅이 나와도 공이 날지 않습니다.

때문에 공의 윗부분에서 잡아 나가는 샷을 해야 합니다.

그러기 위해서는 지면과 좀더 수직에 가까운 업라이트 스윙을 하는 것이 유리합니다.

대개 클로스 벙커에 공이 들어가면 아마추어들은 겁을 먹게 됩니다.

그러나 업라이트한 스윙으로 공을 위에서 잡아간다면 잔디위라고 생각하고 대담하게 샷을 해나갑니다.

위에서부터 쳐내려가는 샷에서 공을 잡은 다음 모래를 깊게 파줍니다. 공을 먼저 맞혀준다면 모래를 아무리 깊이 파도 상관없습니다.

야단났다. 또, 크로스벙커에 빠졌어.

그린까진 아직 멀었는데…

벙커에 빠졌다고 당황하는 그 자체가 이미 한타를 잃고 들어갑니다.

결코 당황할 필요가 없습니다.

대개의 싱글골퍼들은 페어웨이 벙커에 들어갔어도 마치 라이가 좋은 페어웨이에 가 있는 것처럼 공략합니다.

벙커샷에서 제일 중요한 것은 자신감입니다.

남은 거리에 따라 클럽을 선택하겠지만 대체로 평상시 거리보다 한두클럽 길게 잡습니다.

만만치 않은 거리가 남았다면 롱 아이언보다 우드 4,5번을 잡는 것도 좋습니다.

벙커샷의 요령은 앞서 수없이 말해 왔습니다만, 가장 중요한 것은 자신감입니다.

좋은 잔디위에 공이 있다고 생각하고 정확하게 공을 잡아준다면 쉽게 샷을 할수 있습니다.

정확하게 공을 잡기위해서는 가급적 작은 스윙으로 샷을 해나갑니다.

그린까지 거리가 120야드정도 남아있는 크로스 벙커예요. 어떻게 샷을 해야할까요?

평소보다 한두클럽 길게 클럽을 선택하세요.

7번이면 6번이나 5번…

스탠스는 단단히 파묻습니다. 발바닥 안쪽을 더욱 공고히 다집니다.

그런 다음 공은 오른발쪽에 놓고 오픈스탠스의 자세를 취합니다.

어드레스때는 클럽페이스를 많이 열어줍니다.

그런 다음 오른손에 힘을 단단히 주고 공뒤를 오른손으로 세게 타구해 들어갑니다.

이 때 임팩트때나 직후에 손목이 돌아가지 않아야 합니다.

이렇게 되면 공은 자연히 오른쪽으로 휘어날아가기 때문에 목표보다 왼쪽을 노려야 합니다.

핀이 벙커 가깝게 위치하고 있어서 스핀이 많이 걸린 벙커샷을 해야하는데

하지만 공이 모래에 반쯤 박혀있으니…

이거야말로 어렵군.

아무래도 이런 공을 핀에 붙이기란 불가능하겠죠?

어렵긴 하지만 불가능한건 아닙니다.

대개 공이 트랩에 파묻혀 있을 때는 클럽페이스를 닫아야 합니다.

그러나 이런 경우엔 활짝 열어 줍니다. 스탠스는 오픈이며 공은 왼발쪽에 둡니다.

백스윙은 콕킹을 한다음 업라이트하게 번쩍 치켜듭니다.

그리고 날카롭게 공뒤를 쳐내려 가는데 이 때 왼팔꿈치를 빼줍니다.

너무 날카롭고 강하게 쳐내려 가면 혹 클럽헤드가 벙커깊이 박혀 탈출도 어렵지 않을까 염려가 되겠지만, 활짝 열어준 클럽은 강하게 쳐도 마냥 파고들진 않습니다.

이는 곧 공뒤를 쳐내려 가서 동시에 공밑에서 떠올리듯 샷을 하는 기분 입니다.

파

쌓인 눈이 녹아 벙커의 모래가 젖어있는데 공이 빠졌어. 야단났네.

젖은 모래에서 하는 샷은 마른 모래에서 하는 샷보다 수월합니다. 걱정하지 마세요.

젖은 모래는 마치 단단한 땅과 같습니다.

공밑의 물기가 완충작용을 해주어 클럽헤드가 깊이 들어가지 않고 떠오르게 해줍니다.

어드레스때 공을 왼발 맞은 편에 놓습니다.

샌드웨지 클럽은 크게 오픈시켜 줍니다.

백스윙은 아웃사이드로 빼주되 하프스윙으로 스윙면을 낮게 해줍니다.

다운스윙때는 공뒤 1인치 되는 지점의 모래속을 칩니다. 이때 정확한 샷을 위해 다운스윙때 손목을 움직이지 말아야 합니다.

크게 오픈시킨 클럽페이스와 젖은 모래의 완충작용으로 인해 모래밑을 깊이 파지 않습니다. 마른 모래때의 3분의2 가량의 힘으로 가볍게 샷을 해주면 거리도 맞을 것 입니다.

그린옆 벙커샷은 살짝 걷어내주기 보다는 익스플러전 샷(폭발하듯)을 구사하는 것이 정도라고 말을 합니다.

그러나 비가 온 후나 눈이 녹아 모래가 젖어 있다면 경우는 달라집니다.

이런 경우는 모래라고 생각하기 앞서 견고한 땅이라고 생각하는 편이 옳습니다.

이럴때 과도한 폭발 샷을 하면 엄청나게 거리가 나서 그린을 오버시키는 불행한 경우가 발생합니다.

때문에 모래가 젖어있다면 공뒤를 예민하게 노려 가볍게 떠올려주는 샷이 유리합니다.

물기로 인해 단단히 다져진 모래는 생각보다 클럽헤드가 깊이들어가지 않기때문에 자칫 그린을 오버하는 사태가 발생합니다.

아웃사이드로 빼준 백스윙에서 가볍게 '척' 하는 느낌으로 공뒤를 노려 공밑 모래를 떠줍니다.

떠준다고 말을 했다고 해서 떠올리는 샷을 하라는 말은 아닙니다. 가볍게 공밑을 노린다면 자연히 공이 떠올려지게 되는 것입니다.

공이 페어웨이 벙커에 빠졌어. 거리는 아직 많이 남았는데

롱 아이언으로 벙커 샷을 하라니…

잠깐만요.

크로스벙커에서는 라이가 좋은 상태라면 페어웨이 우드(5번) 정도로 공략해도 좋다고 말씀 드렸어요.

하지만

페어웨이 우드는 자신이 없어서…

이런 벙커 샷에서는 유리한 점이 많습니다.

우선 클럽헤드 바닥이 평평해서 모래속에 파고 들어가는 걸 막아줍니다.

어렵다는 생각은 떨쳐버리고 성공할 수 있다는 신념으로 공략해 보세요.

공을 왼발 가까이 놓고 옆에서 때릴 수 있는 자세를 취합니다.

나이스 샷

백스윙은 거리가 많이 남았다고 크게 가져 가서는 안됩니다.

가볍게 올려줍니다.

크로스 벙커에서 그린을 직접 노려야 할 때가 있습니다.

대개 이럴때 프로들은 페어웨이 위에서 처럼 쉽게 공략하는 것을 볼 수 있습니다.

아이언으로 공을 위에서 잡아주는 것은 페어웨이나 벙커나 같습니다.

단지 스탠스가 단단치 못하니까 굳게 다져줘서 어드레스 합니다.

발이 들어간 만큼 클럽을 짧게 쥐고 크지않게 백스윙을 가져 갑니다.

그리고 공을 정확히 잡는 것에만 신경을 씁니다.

아이언으로 하는 페어웨이 벙커의 공략법은 팔로스루를 작게 취하는 것이 포인트 입니다. 반면 평소보다 클럽을 길게 잡아야 거리가 맞을 것입니다.

45

대체로 아이언으로 페어웨이 벙커 샷을 시도할 적에 유념해야 할 것이 있습니다.

그것은 같은 클럽을 사용했을 때 평지보다 로프트가 낮아 진다는 것입니다.

평지

벙커

특히 최초의 몇미터는 낮게 날아가므로 이것을 염두에 두어야 합니다.

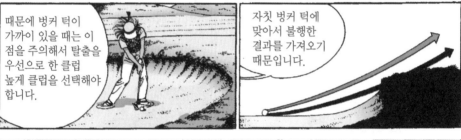

때문에 벙커 턱이 가까이 있을 때는 이 점을 주의해서 탈출을 우선으로 한 클럽 높게 클럽을 선택해야 합니다.

자칫 벙커 턱에 맞아서 불행한 결과를 가져오기 때문입니다.

벙커 턱이 염려되는 곳에서 역시 공의 위치는 왼발쪽에 두어야 합니다. 공을 안쪽에 두었을 때는 그 만큼 클럽페이스가 덮이기 쉬워 로프트는 더욱 낮아지기 때문입니다.

왼발끝 앞쪽에 공을 높으면 마음껏 공을 칠 수 있고 페이스가 덮이는 걸 막아주기도 합니다.

벙커샷에서의
어드레스때 체중은
6대4의 비율로 약간
왼발에 중심을
더주는 느낌이면
좋습니다.

그리고 거리의
조절은 백스윙의 크기로
조절하는 평지의
어프로치와는 다르게
합니다.

벙커샷은 대체로
어느 경우나
백스윙은 일정하게
가져갑니다.

다만 거리의
조정은 임팩트를
강하거나 약하게
해줘서 조절하며

팔로우의
크기로 거리를
조절해 줍니다.

아무래도 임팩트
순간 강하게 치는
만큼 팔로우는
커지게 됩니다.

물론 그렇다고
클럽을 임팩트
순간 모래에
박아버리고 마는
샷은 아주 나쁜
경우입니다.

벙커샷은 떠내는
샷입니다. 팔로우로써
공밑의 모래를
떠내준다는 것은
팔로우가 없이는
불가능합니다.

왼팔꿈치는
빼주는 것을
잊어서는
안됩니다.

47

벙커 샷에서 핀이
그린 안쪽 깊이 있을
때의 샷입니다.

백스윙에서
오른쪽 무릎이
움직이면

헤드를 모래에 삽입할
때 공뒤쪽으로 치우쳐
숏을 초래할 가능성이
있습니다.

이것을 방지하기 위해
어드레스때부터 무릎을
왼쪽으로 당겨줍니다.

이래야만
백스윙때 몸이
오른쪽으로 밀리지
않아 목표한 정확한
지점에 헤드를
삽입할 수 있게
됩니다.

몸이 오른쪽으로 흘러
헤드삽입이 지나치게 뒤로
치우치지 않도록 해주며 좀더
큰 팔로우를 해준다면 멀리
있는 핀에도 쉽게 도달할 수
있을 것입니다.

핀이 가까이 붙었을 때
아마추어로서는
난감해질 때가
많습니다.

핀이 오버되는 것이
싫어 가볍게 치다가
탈출자체를 실패 할
때가 있으니까요.

이 경우 역시
어드레스때
양무릎을
모아줍니다.

백스윙때
오른쪽으로
몸이 흐르지
않도록 견고히
무릎을 모아
주는 것입니다.

이 어드레스는
바로 임팩트의
모양을 어드레스때
만들어주는
것이기도 합니다.

스탠스는 물론
오픈이며 헤드를
많이 뉘어 줍니다.

임팩트후 팔로우때는
왼쪽팔꿈치를 뒤로 빼주어야
합니다. 이 경우 페이스가 열려
있기 때문에 공은 오른쪽으로
날아가니 왼쪽을 겨냥해
쳐줍니다.

모래에 반이상이 파묻힌 공은 클럽페이스를 덮는 기분으로 모래를 깊이 파서 탈출하는 방법을 사용해왔습니다.

그러나 그렇게 헤드를 덮지 않고 뉘어서 시도하는 방법도 있습니다.

헤드를 평소 벙커 샷 때처럼 뉘어서 어드레스 합니다.

헤드가 파고 들어갈 지점은 조금 더 뒤쪽에 둡니다.

이 경우 역시 강하게 위에서부터 쳐내려 가게 되는데

강하게 위에서 아래로 깊이 박아 쳐내려가도 뉘어있는 헤드는 마냥 모래 속으로 파고 들지는 않습니다.

박혀있는 공이라 할지라도 쉽게 탈출할 수 있습니다. 벙커샷은 기회가 주어지면 여러번 연습을 해보시기 바랍니다.

아마추어들은 벙커 샷의 연습을 의외로 하지 않는 경우가 많습니다. 여름철 해변이나 강가에 갔을 때 벙커 샷에 대한 연습을 많이 해두는 것이 좋습니다.

그린 주위 벙커에서 B그린 벙커에 공이 빠져 그린까지 무척 먼 경우가 있습니다.

이 때는 벙커 턱이 낮다면 클럽 페이스를 약간 덮어 어드레스 합니다.

그리고 백스윙을 시계의 10시까지 손을 올려줍니다.

그 다음은 헤드 무게를 이용해서 떨어뜨려 줍니다.

그리고 팔로우도 높고 길게 가져갑니다.

물론 공뒤의 바로 밑을 노려야 합니다. 공과 너무 멀리 헤드가 들어가면 거리를 얻을 수 없으니까요.

30~50m까지 거리가 있다면 공을 바로 맞혀서 그린까지 도달시키는 방법도 있습니다.

그린까지 거리가 만만치 않게 남았으며 벙커 턱이 낮다면 꼭 샌드웨지로 공략하지 않아도 됩니다.

이럴때 저는 8번이나 9번 아이언을 사용해서 피칭 샷과 같은 요령으로 공을 직접 노립니다.

8번

9번

공이 디벗자리나 라이가 나쁜 페어웨이에 있다는 기분으로 가볍게 콕을 해주며 백스윙을 올려줍니다.

클럽헤드를 지면에서 45° 각도로 떨어뜨리는 기분으로 더프가 나지 않도록 넉넉하게 공을 때려줍니다.

벙커 턱이 낮다면 낮은 로프트로 굴려 그린온이 가능합니다.

만일 턱이 높을 때는 샌드웨지로 임팩트 후 오른쪽 어깨를 내리고 팔로우를 높게 잡습니다.

굿 샷

벙커를 넘겨서 붙이려면 넉넉하게 핀을 노려야지.

으악! 그린을 오버했다.

이 경우 핀을 바로 노리는건 좋은데 멈추는 공을 구사해야만 해요.

어떻게 해야 딱 멈춰서는 공을 칠 수 있나요.

첫째, 오른쪽 어깨가 움직여 앞으로 나가서는 안됩니다.

오른쪽 어깨를 두고서 다운스윙후 피니시를 높이 가져가게 후려쳐 줍니다.

공은 그만큼 높게 올라가고 백스핀은 잘 걸려 멈추는 공이 됩니다.

그린웨지 벙커샷의
기본은 어드레스때
오픈스탠스로
서라는 것입니다.

발판을 굳건히 하는
것은 어느 벙커에서나
마찬가지로 꼭 필요한
일입니다.

발판을 튼튼히 굳힌
다음 무릎을 낮춰 몸의
중심을 낮게
가져갑니다.

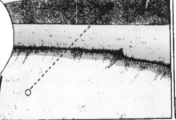

이렇게 오픈 스탠스를
취했을 경우 공은
오른쪽으로 날아가니까
목표보다 왼쪽을 노려야
합니다.

샌드웨지로
벙커샷을 하게
되는데, 이때의
개념은 클럽
페이스로 치는
기분이어서는
안됩니다.

그린옆의 벙커샷은
클럽의 솔(헤드의
밑바닥)로 치는
기분이여야 합니다.

클럽의 솔로 공의 밑을
떠올려주는 샷이 되어야
합니다.

클럽페이스로 친다는
느낌이었을 때는
헤드가 모래 깊이
박혀 탈출이
어렵습니다.

우와…. 벙커에 빠진 공이 계란 프라이가 되었어.

물론 이런 경우는 탈출이 쉽지 않겠지만 결코 당황할 필요는 없습니다.

스탠스는 물론 오픈으로 서고 공은 오른발쪽에 둡니다.

어드레스 때 처음부터 오른쪽 어깨를 낮게 해서 핸드 퍼스트 자세를 취합니다.

이렇게 되면 클럽 페이스는 약간 덮는 듯이 날이 서게 됩니다.

백스윙을 수직으로 올려 헤드를 위에서 떨어뜨리듯이 높게 해줍니다.

다운 스윙은 위에서부터 수직으로 강하게 공 뒤를 처박아주듯 내려칩니다. 탈출에 성공하지만 이런 공은 런이 많이 나오니까 그 점을 염두에 두어야 합니다.

짧은 거리의
벙커샷일 경우
어드레스의 변화를
요구합니다.

양손을 앞쪽으로
눌러주어

강한 핸드퍼스트
자세를 취합니다.

이렇게 하면
스윙 초기에서
쉽사리 손목이
꺾이고

그 결과 좀 더
날카로운
V자스윙을 할 수
있습니다.

볼뒤 5cm
지점을 목표로
클럽을
삽입합니다.

타격 후 볼이 어느
정도 날아갈 때까지
손목이 아래쪽으로 꺾이지
않게 주의합니다.

누차 강조했듯이
벙커샷의 가장 큰
요령은 백스윙에서
그립은 낮고 헤드는 높게
가져가는 것입니다.
이는 백스윙의 시작부터
손목을 꺾어주는
일입니다.

좀더 먼거리의
벙커샷일 경우에는
어드레스 때
클럽페이스의 각도에
신경을 씁니다.

클럽 헤드를 좀더
세워 줍니다. 가령
61도 샌드웨지를
51도 웨지로
세워줍니다.

그리고 볼을
좀더 오른발쪽에
위치시킵니다.

이렇게 하면 로프트와
바운스(Bounce)가 적어서
볼이 벙커를 낮게 탈출, 멀리
날아가며 떨어져서는
좀더 구르는 볼이
됩니다.

이 샷은 페어웨이 샷
때와 같이 백스윙 때
손목을 늦게
꺾어주고 백스윙과
팔로우를 최대로
가져가는 것입니다.

스윙의 날카로움은
줄어들면서 'U' 자
형태로 스윙이
흐르게 됩니다.

가까운 거리의 벙커샷과 면 거리의 벙커샷은 우선 어드레스에서부터 달리져야 합니다.

가까운 곳에서는 클럽과 스탠스를 모두 열어줍니다.

몸은 표적의 왼쪽을 겨냥하고 클럽 페이스는 목표를 겨냥 합니다.

긴 샷을 날릴 때는 스탠스와 클럽을 직각 으로 가져갑니다.

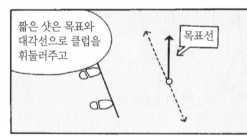

짧은 샷은 목표와 대각선으로 클럽을 휘둘러주고

목표선

긴 샷은 클럽을 볼로부터 똑바로 뒤로 빼줍니다.

목표선

이는 거리에 따라 적당히 그 정도를 조절해주면 완벽한 벙커샷을 구사할 수 있게 될 것입니다.

여러번의 시행착오와 실패를 거쳐야 할 것입니다.

크로스 벙커, 즉 페어웨이 벙커에서는 많은 거리를 날려야 하는 부담감이 따릅니다.

그렇다고 풀샷을 시도하다간 자칫 타핑이나 모래를 먼저 건드리게 돼 형편없는 샷을 날리고 맙니다.

우선 스탠스를 견고히 하고

볼을 오른발 쪽에 위치 시킵니다.

철저히 볼을 먼저 잡아주어야 하기 때문에 가파르게 클럽을 끌고 내려 와야만 합니다.

몸의 움직임을 최소화시켜 팔만으로 친다는 느낌으로 하프스윙보다 약간 큰 스윙으로만 볼을 잡습니다.

대체로 슬라이스성 볼이 나오게 되니 목표보다 왼쪽을 겨냥하고 작은 스윙을 감안, 한두클럽 더 큰 클럽으로 공략합니다.

꼭 그린온을 시키겠다는 생각 보다 그린 주변에 볼을 보낸다는 가벼운 마음이라면 온그린도 쉬워집니다.

벙커에 빠지게
되면
아마추어들은
낙담하기
일쑤입니다.

벙커샷은 바로
자신감이 크게
작용합니다.

그리고 정확한 샷을
위해 하체를 거의
쓰지 않아야 하는데
모래 위의 스탠스는
흔들리기 쉽습니다.

이럴 때 스탠스를
오픈으로 서고 바닥을
비벼서 단단하게
고정시킵니다.

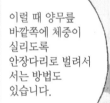

이럴 때 양무릎
바깥쪽에 체중이
실리도록
안장다리로 벌려서
서는 방법도
있습니다.

이렇게 서게 되면
다리 바깥쪽에 힘이
들어가며 하체를
쓰지 않는데 도움이
됩니다.

그런 다음 어깨와
팔만으로 샷을 해보기
바랍니다. 틀림없이
성공할 수 있습니다.

벙커샷은 하체의
견고함이 성패를
좌우합니다.

으악… 최악의 경우다. 벙커속에서 애그플라이가 되어있으니.

모래에 깊이 파묻힌 공의 샷 요령은 여러번 말씀드렸습니다.

그러나 모두들 그런 상태의 공이 된다면 낙담을 하곤 합니다.

그러나 확실한 요령을 터득한다면 그렇게 골칫거리만은 아닙니다.

어드레스시 체중의 대부분을 왼발에 둡니다.

클럽페이스는 약간만 열어줍니다.

그리고 클럽을 빠르게 들어올린 다음

가파른 다운스윙을 시도합니다.

클럽헤드는 그대로 모래속에 남겨 둡니다. 굳이 팔로우를 떠올릴 필요가 없습니다. 들어올려진 모래에 의해 공은 그린위에 올려질 것입니다.

이 때 힐과 리딩에지를 사용하여 클럽이 모래를 파고들도록 합니다.

벙커샷에서도
핀과의 공간이 많아
떨어져서 굴러가게
치고 싶을 때가
있습니다.

이럴 때 스탠스는
오픈으로 서고 볼은
중앙에 둡니다.

체중은 양발에
고루두고, 클럽페이스는
그리 많이 오픈시키지
않습니다.

백스윙을 시작과
동시에 손목을 꺾으며
바깥쪽으로 들어
올립니다.

그리고 볼 뒤를
찍으며 긁어내듯
아웃사이드인으로
당겨줍니다.

이런 볼은 떨어져서 꽤
굴러가는 벙커샷이 됩니다.
거리가 꽤 멀다 싶을 때
사용할 수 있는 벙커샷의
요령입니다.

벙커에 볼이 들어갔다면 일단 위기감이 앞서는 것어 사실입니다.

더구나 초보자일 경우에는 안전하게 탈출만 해도 성공이라고 생각 하겠지요.

대개 그린 주위의 벙커샷은 핀과의 거리가 가까우므로 너무 쉽게 치는 탓에 탈출에 실패하는 경우가 많습니다.

성공적인 벙커샷을 위해 원래의 볼 뒤 약 2인치 정도에 또 하나의 볼을 상상합니다.

손은 상상한 볼을 때릴 준비를 하고 발과 클럽페이스를 약간 벌려줍니다.

이 자세대로 상상의 볼을 향해 풀 스윙을 시도합니다. 볼은 성공적으로 벙커를 벗어날 수 있을 것입니다.

숏게임에서 피치샷은 깎아쳐주고 칩샷은 끌어당겨 쳐준다고 말했습니다.

벙커에서의 샌드샷은 "튀겨주기" 입니다.

클럽페이스를 열고 스탠스를 오픈시켜 헤드가 목표방향이 아닌 오픈시킨 발끝에 정렬된대로 휘둘러 줍니다.

이 때 클럽헤드를 모래에 박아서는 안되며 공밑모래를 얇게 떠서 "튀겨올려"준다는 느낌이어야 합니다.

반면 퍼트는 어떤 기분이어야 하는가?

바로 "굴려주기" 입니다.

퍼트의 교본은 따로 없다고 말씀드렸습니다.

중요한건 잘 굴러가는 공이 좋은 퍼팅 이라는 이야기 입니다.

어떤 퍼터로 스탠스를 어떻게 취하느냐와 관계없이 잘 구르는 공을 만들어 주는게 퍼트의 기본 요건입니다.

부드럽게 잘 굴러가는 공이 방향도 바르게 구르며 거리감도 일정하게 와닿습니다.

이처럼 숏게임에선 피치샷은 "깎아쳐준다" 칩샷은 "끌어당겨 쳐준다" 샌드샷은 "튀겨올린다" 퍼터는 "굴려준다"라는 원리를 숙지하고 연습한다면 빨리 발전할 것입니다.

지독하게 깊은 벙커에 빠졌네.

이럴 땐 어떻게 탈출해야 하나.

이런 깊은 페어웨이 벙커에 빠졌을 때는 바로 온그린을 노리기가 어렵습니다.

그러나 최대한 볼을 그린 가까이 날려 보내는 것이 좋겠지요.

탈출을 위해 높이 띄워야 하고 가급적 멀리 날려야 하는 샷은 어렵습니다.

이런 경우 그 높이에 따라 9번. 또는 7번 아이언을 약간 열고 어드레스 합니다.

주의할 점은 손이 볼보다 뒤쪽에 위치하게 하는 것입니다.

그 외에는 일반적인 페어웨이 벙커샷의 요령으로 하면 됩니다. 다만 목표보다 약간 왼쪽을 겨냥해야 원하는 방향으로 날아갈 것입니다.

공이 벙커의 경사면에 있네요.

벙커샷에서도 보통 때의 경사면일 때와 어드레스는 같습니다.

경사면의 낮은 쪽의 다리에 체중을 많이 걸치고

경사면을 따라 휘둘러 줍니다.

체중

스탠스는 오픈스탠스

내리막 경사면도 마찬가지 입니다.

왼다리에 체중을 걸치고 위에서 쳐내리기만 하면 되며 팔로우는 취하지 않습니다.

체중

전체로 봐서는 보통때의 어프로치 때와 같습니다.

벙커샷의 경우 오르막 경사면, 내리막 경사면의 스윙에서 약간의 비결이 있습니다.

오르막 경사면을 경우 임팩트후 헤드를 왼쪽으로 끌고가지 않고 앞으로 내보내듯이 합니다.

페이스가 엎어지지 않도록 앞으로 내미는 느낌입니다.

오르막 경사

내리막 경사면인 경우 탁하고 헤드를 모래에 부딪치기만하는 스윙이지만 임팩트 이후 왼쪽 팔꿈치로 클럽을 끌어 당기듯이 합니다.

이렇게 함으로써 페이스가 엎어 지지 않아 공이 올라가기 쉬워집니다.

내리막 경사

벙커샷에서 클럽의
제어력을 완전하게
확보하는 일이
무엇보다도
중요합니다.

나는 이것을 위하여
다른 클럽을 잡을
때의 바든 그립을
피하고 열손가락
그립을 이용하곤
합니다.

베이스볼
그립이라고 하는
이 그립은

클럽 헤드가 모래를
통과하여 공 밑을
미끄러져 나갈 때보다
완벽하게 제어력이
확보되는 느낌입니다.

여러분도 한번
시도해 보세요.
견고한 그립으로
인해 벙커샷이 좀더
쉬워질 것입니다.

골프란 그 코스만큼이나
변화무쌍 합니다. 그때그때
상황에 따라 그립이며 샷을
바꿀 줄도 아는 지혜가
필요합니다.

그립이 약한 여자들이
특히 염두에 둬야 할
사항입니다.

제 2 장
숏 어프로치

1백야드 안쪽 거리의 컨트롤 샷에서 거리 조정이 무척 어려운데요.

그래서 제 경우는 차라리 클럽에 의존하고 풀샷을 할 수 있는 1백야드 이상의 거리가 남았을 때가 마음이 편하거든요.

그런 골퍼가 많이 있습니다.

60~70야드 거리가 싫어서 차라리 1백야드를 일부러 남겨놓기위해 드라이브를 맘껏 치지 않는 경우도 있지요.

그러나 역시 짧은 거리가 유리합니다.

컨트롤 샷에서 누차 말하지만 힘의 조절로 거리를 맞추려 하는데서 실패가 나옵니다.

백스윙의 크기로 거리를 맞추라는 말은 귀가 따갑도록 들었는데 그게 이상하게 쉽지 않거든요.

결국…
자기 행위에 대한 확신을 갖지 못해서 그렇습니다.

알맞은 백스윙을 해놓고 막상 다운스윙에 들어갈 때는 힘을 들이거나 빼서 그렇지요.

백스윙에서 거리가 나온다는 확고한 믿음을 가져야 합니다.

힘을 더하거나 빼서는 일정한 자기 거리를 얻을 수가 없습니다.

이제 50야드 정도 공략인데

피칭 웨지로 가볍게 붙어야지.

틀렸어! 너무컸어.

어이쿠! 그린오버다.

가볍게 치려는 것은 알았지만 백스윙이 너무 컸어요.

임팩트의 강약으로 거리를 컨트롤 하려는 것은 옳지 않아요.

퍼팅과 마찬가지로 붙이는 샷에서도 백스윙의 크기로 거리를 맞춥니다.

70야드는 오른쪽 귀 근처 50야드는 어깨 근처… 이런 식으로 백스윙에서의 손의 위치를 자기 나름대로 결정해 둡니다.

단 백스윙을 작게해도 다운 스윙에서 세게쳐서는 아무 것도 되지 않습니다.

스윙리듬은 항상 일정하게 합니다. 이것도 자기만의 리듬을 잡아두는 것이 중요합니다.

70Y
50Y
40Y

거리가 짧아 짐에 따라 다리 폭도 좁게 한다.

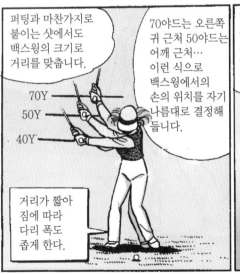

탑의 크기와 피니시의 크기를 같게 한다.

리듬

50야드 정도의 어프로치샷이 남았는데

피칭 웨지로 붙여야지

어이쿠… 뒤땅이다.

펑

어프로치할 때 뒤땅이 잘나는 경우가 많습니다.

먼저 훅그립이 아닌지 보세요.

훅그립에서는 리스트를 너무 사용하거나 인사이드로 올라가기 쉬워집니다.

NO

그립은 반드시 스퀘어로 잡습니다.

왼손등이 목표에 똑바로 향하여 오른손 엄지와 검지로 만드는 V자가 턱을 향하도록 잡습니다.

스탠스는 오픈…

클럽페이스는 목표를 향해 똑바로 합니다.

오픈 스탠스로 하면 클럽 헤드가 똑바로 올라가 위에서 부터 공을 잡기 쉽습니다.

그리고 체중을 왼쪽다리에 많이 걸칩니다.

체중을 너무 이동시키지 않고 스윙합니다.

체중

스윙중에 체중을 이동시키면 뒤땅을 치기 쉽습니다.

비거리를 낼 필요가 없으며 그 자세 그대로 위에서부터 쳐 내리면 됩니다.

스퀘어 그립, 오픈스탠스, 체중은 왼쪽다리에 이 세 가지가 어프로치의 비결입니다.

그린까지 20야드 정도인데 오픈스탠스에 체중은 왼쪽다리죠?

어이쿠… 나는 탑볼이다.

그래요.

조사장님은 하반신이 너무 움직여요.

거리를 낼 필요가 없으니 그렇게 풋워크를 할 필요 없습니다.

하반신이 움직이면 상체도 같이 움직입니다.

탑이나 뒤땅의 원인은 대개 상체의 움직임 때문 입니다.

체중을 왼쪽다리에 걸치라는 것은 임팩트의 자세를 미리 만들어 놓는다는 겁니다.

백스윙때 하반신을 사용치 않고 그대로 올렸다가 내립니다.

단 임팩트 이외의 작은 몸의 턴이 필요합니다. 공을 페이스에 실어 나른다는 느낌으로 내리면 손만이 아니라 무릎이나 허리의 움직임이 함께 따라야 합니다.

팔로우에서는 몸이 목표에 똑바로 향하도록 턴 합니다. 무릎과 허리의 움직임으로 턴합니다.

나는 그린 에이지니까 9번으로 러닝을 하겠어요.

러닝은 퍼팅과 같은 방법으로 합니다.

그럼 공이 약해질텐데.

그럴 때는 로프트가 없는 클럽을 사용하면 됩니다. 5번정도…

5번 아이언

퍼팅과 같으니까 손목을 사용치 않고 팔꿈치로 치는 느낌입니다.

시계추의 움직임과 같은 셈이죠.

손목 콕을 쓰면 페이스의 방향이 바뀌거나 임팩트에서 손목이 쳐져

뒤땅과 탑의 원인이 됩니다.

또한 손목을 사용하면 거리 맞추기가 어렵습니다.

처음 자세때의 손목형태로 고정시키고 팔꿈치로 치도록 합니다.

이렇게 하면 백스윙의 크기로 거리를 맞춰 갑니다. 임팩트때 힘을 넣거나 그렇게 거리를 맞추려해서는 안됩니다.

시계추의 느낌이니까 백스윙때나 팔로우는 같은 크기가 되도록 합니다.

와… 역시 잘 굴러 가는 구나.

40야드
어프로치샌드
웨지로
붙이겠어요.

핀에
5m떨어뜨려서
굴러가게
붙이겠어요.

잠깐! 클럽을 지면에
꽉 누르는 듯한
자세는 좋지 않아요.

팔이 경직돼서
미묘한 거리를
맞추기 힘들어요.

좀더 양팔꿈치를
부드럽게 만들어
왼손그립을 꽉잡고
클럽을 왼손으로
드리우듯이 자세를
취합니다.

왼손으로 백스윙의
크기를 조절하고
오른손은 임팩트 직전
까지 사용하지 않도록
합니다.

오른손은 임팩트 직전부터
팔로우에 걸쳐 공을
페이스로 운반하는 듯한
느낌으로 사용합니다.

팔꿈치에 여유를
갖게하여 왼손그립을 꽉
잡게하는 것이야말로
오른손의 사용을
가능하게 합니다.
왼손으로 스윙하고
오른손으로 운반한다고
기억해두세요.

30야드 샌드웨지로 붙여야지.

왓! 힘있게 끊어치면 될줄 알았는데…

공격방법도 치는 방법도 잘못했어요.

먼저 공격방법입니다만 비러프라고해도 그린까지 아무장애도 없고 거리도 30야드라 런으로 핀에 붙이는 쪽이 쉬웠어요.

그러면 그린에지나 그린 1-2미터되는 곳에 떨어져 굴러 갑니다.

다시 말해 10m 올리고 20m 굴러갑니다. 클럽은 8번아이언 정도가 좋겠죠.

치는 방법은 위에서 쳐박거나 떠올리지 않아야 합니다.

·No·

그렇게 하지 않아도 공은 올라갑니다. 때문에 로프트가 있는 것이죠. 30야드 이내라면 똑바로 올리고 똑바로 클럽을 내리면 됩니다. 퍼터 치는 법과 똑같죠.

발을 모으고 퍼팅때처럼 칩니다. 골프에서는 이것이 가장 쉽게 치는 방법입니다. 위에서부터 쳐박으려고 하니까 뒤땅을 치는 겁니다. 손목을 사용하지말고 공만 쳐 내듯이 칩니다.

왼팔꿈치를 부드럽게 사용한다.

클럽은 짧게 쥔다.

쳇… 그냥 구른다.

스핀이 걸려 멈추는 피칭샷을 하고 싶은 데요

피치쇼트죠.

임팩트 이후에 왼쪽팔꿈치를 빼는 겁니다.

그러니까 당기는게 아니라 여유를 가지고 빼는거죠.

오픈스탠스로 서서 리스트콕을 조금 바르게 클럽을 세우듯이 올리는 거죠.

다운스윙 이후는 페이스에 볼을 실어 올리는듯한 느낌입니다. 이와 같은 기분으로 쳐내려 임팩트 이후 왼쪽팔꿈치를 빼주면 페이스의 방향이 바뀌지 않아 백스핀이 들어간 볼이 되죠.

왜그래? 탁형 툭툭치고… 무슨 신호를 보내는 거요?

예?

왼팔꿈치를 빼는 연습이었어요. 신호는 무슨…

그렇게 옆사람을 건드릴 정도로 빼다간 쪼로나기 알맞아요.

벙커 너머로 공을 치고 싶은데요.

펀치샷이로 군요.

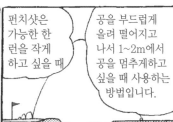

펀치샷은 가능한 한 런을 작게 하고 싶을 때

공을 부드럽게 올려 떨어지고 나서 1~2m에서 공을 멈추게하고 싶을 때 사용하는 방법입니다.

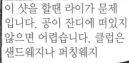

이 샷을 할땐 라이가 문제 입니다. 공이 잔디에 떠있지 않으면 어렵습니다. 클럽은 샌드웨지나 퍼칭웨지

NO   YES

먼저 오픈스탠스로

양팔꿈치에 여유를 가지고 클럽을 늘어 뜨리는 자세를 취합니다.

NO

팔을 쭉뻗은 자세에서는 아무래도 위에서 헤드를 공에 던져 맞히는 타법이 돼 버려 부드러운 공이 나오지 않죠.

여유를 가진 어드레스에 백 스윙을 재빨리 콕을 사용하여 헤드를 높이 올립니다.

샤프트를 세워가듯이 휘둘러 올립니다.

인사이드로 올려선 안됩니다. 똑바로 세로로 올립니다.

임팩트는 페이스에 공을 싣는 느낌 입니다.

NO

YES

위에서 공을 맞혀서는 안됩니다. 공밑을 자른다는 느낌입니다.

다운스윙에서 팔로우에 걸쳐서는 페이스의 방향이 바뀌지 않도록 휘두릅니다. 리스트를 돌리거나 인사이드로 휘둘러 빼려고하면 페이스의 방향이 바뀌어 공은 멈추지 않습니다.

고도의 테크닉이지만 임팩트 이후 왼쪽 팔꿈치를 빼듯이 합니다.

이렇게 하면 페이스의 방향은 바뀌지 않습니다. 가장 중요한 것은 스윙전체를 천천히 휘둘러서 페이스에 공을 싣는 느낌이 생겨 부드러운 공이 됩니다.

그린 사이드에서 붙이는 특수한 방법을 가르쳐 드리지요.

그린 에지의 경계 부분에 공이 있는 경우 입니다.

공뒤에 러프가 방해가 되어 치기 어렵습니다.

클럽헤드와 공 사이에 잔디가 끼여 잘 친다는게 쉽지 않습니다.

핀까지 거리를 맞추려고 해도 어느 정도의 세기로 쳐야 좋을지 모르지요.

이런 경우 샌드웨지의 리딩에지

즉, 이부분 으로 칩니다.

치는 방법은 퍼터와 같습니다. 손목을 사용치 않고 양팔꿈치로 칩니다.

물론 공은 잘굴러 갑니다. 퍼팅과 같은 경우로 거리를 맞춥니다.

공의 조금 위를 옆에서 칩니다.

이렇게 치면 잔디가 방해되지 않습니다.

공의 머리를 쳐 굴린다.

퍼터와 같은 방법으로…

역시… 잘굴러간다.

그 정도면 프로수준인걸.

어프로치샷에서 가장 주의할 점은 무엇이죠?

스윙템포입니다.

스윙템포?

예. 어프로치샷에 한하지만 골프스윙에서는 템포리듬이 중요합니다.

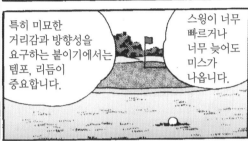

특히 미묘한 거리감과 방향성을 요구하는 붙이기에서는 템포, 리듬이 중요합니다.

스윙이 너무 빠르거나 너무 늦어도 미스가 나옵니다.

특히 너무 빠른 점에 주의합시다. 너무 늦어서 미스를 범하는 일은 별로 없습니다.

너무 빠르면 미묘한 거리감을 헤드에선 전할 수가 없습니다.

또한 공을 헤드가 완전하게 잡을 수 없기 때문에 방향도 제멋대로입니다.

급하게 칠게 없습니다. 천천히 올리고 천천히 내립니다.

거리는 백스윙의 크기로 조절할 수 있습니다. 천천히 쳐도 거리는 다 나갑니다.

목표까지 가까운 거리의 붙이기에서 작은 스윙을 할때도 같은 템포입니다. 천천히 올리고 내립니다.

이러한 느린 템포를 자신의 것으로 할때 거리도 방향도 맞게 됩니다.

짧은 어프로치야
핀에 한번
붙어봐야지.

어머,
생크가 났어.

생크는 클럽헤드의
목부분에 공이 맞아
오른쪽으로 날아가는
미스샷입니다.

생크의
원인은
여러가지가
있죠.

발끝에 체중을
너무 싣고 있는
사람 지나치게
인사이드로
치는 사람

손끝만으로
치려고 하는
사람 등
입니다.

때문에 생크가 나는
것을 고치려면
체중을 발바닥
중앙에 실어
스윙중에 발끝에
체중을 싣지 않을
것.

스윙은
클럽헤드를
똑바로 끌어
당겨 똑바로
내도록 한다.

목표

체중은
발바닥
중앙

또한 작은 스윙헤드로
손과 몸을 따로 따로
움직이는 것이 아니라
손과 몸이 함께
움직일 것

임팩트에서
힘을 빼려고
하면 생크가
나기
쉽습니다.

그린뒤는 벙커로군.

엇!

모처럼 그린옆에 와선 항상 이모양 이라니까…

가볍게 치려고 그립까지 느슨해 졌어요.

큰 샷을 할때는 그립을 꽉쥐는 사람은 많으나 작은 샷을 할 때는 느슨하게 잡는 사람이 많아요.

이럴 때는 먼저 클럽을 짧게 잡습니다.

클럽을 길게 잡으면 클럽의 무게가 손의 움직임에 영향을 줘서 정확한 스트로크가 나오질 않습니다.

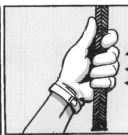

그래서 그립은 특히 왼손 새끼손가락 약지 중지로 스무드한 움직임에 방해되지 않을만큼 꽉 잡습니다.

왼손으로 클럽 헤드 무게를 느낄 정도로 단단히 쥐고 드리우는 듯한 느낌으로 자세를 취합니다.

NO

10~20야드 정도의 가까이에서는 클럽을 짧게 잡는 쪽이 조작이 편해 그립의 느슨함 같은 것이 없어집니다.

15미터 정도의 거리예요.

공은 비러프에 있군요.

피치 앤드 런이 괜찮겠죠?

맞아요. 7할을 띄우고 3할을 굴리는 피치앤드런…

피칭웨지로 양발을 좁혀서 목표에 대해 오픈스탠스를 취합니다.

목표

스탠스는 오픈이지만 어깨와 허리는 목표쪽으로 스퀘어로 향합니다.

이 자세로 스윙은 공을 잡기 쉬운 업라이트한 궤도를 취하게 된다.

목표

즉 비구선을 따라 올리고 비구선을 따라 휘둘러 내리는 것입니다.

인사이드로 끌어당기거나 아웃사이드로 올리거나 해서는 방향성이 안정되지 않습니다.

비구선을 따라 올려 목표로 헤드를 보내주는 겁니다.

나이스 터치

됐다! 모처럼 하나 성공이다

왁! 숨막혀요.

어이쿠... 오버로군.

가까이 붙이려는데 잘 안되죠.

길거나 짧거나

거리를 맞추는 것은 스윙의 크기로 결정해야 해요.

샷의 강함으로 거리를 맞추려 하면 스윙의 템포가 달라져 버리죠.

이와 같이 가까이 붙이는데 중요한 것은 백스윙과 다운스윙의 템포를 같게하는 것입니다. 클럽을 올리는 템포와 똑같은 템포로 내리는 겁니다.

이렇게 하면 스윙의 실수가 적어지고 거리도 백스윙의 크기로 맞출 수 있습니다.

이 정도 백스윙으로 치면 어느 정도 파워가 나오는 주먹이 될까요?

어이구... 탁형이 사람치려고 하네.

이크
탑볼이다.

이제 곧
그린인데 잘
올릴 수
있을까?

짧은 거리의
쇼트에서 흔히 볼수
있는 미스예요.

힘을 빼니까
조금만 정확치
않으면 미스가
나니‥‥

손끝으로 치려고 하는데서
생기는 미스예요. 손목을
너무 쓰는거예요. 다시 말해
콕킹을 푸는게
빠르다는 거죠.

이 정도의 거리에서는 볼을
올리기 위하여 백스윙으로
가볍게 콕킹하는데
다운스윙이후 이 콕킹을
풀지 않고 그대로 가져가야
합니다.

클럽헤드는 손보다
늦게 임팩트 시키는
자세가 되어 그대로
쳐내려 갑니다.

백스윙한 손목 그대로
샷하란 말이로군요.

88

탑핑 발생은 의외로 숏아이언에서도 많이 발생합니다.

숏아이언에서도 피치샷이나 런닝 어프로치에서 더 많이 발생합니다.

그것은 미묘한 거리를 스윙으로 조절하려는 마음만 앞선 나머지 정작 공을 잡는 것에는 신경을 분산시킨 결과입니다.

런닝어프로치나 칩샷은 물론 거리감도 중요 하지만 먼저 정확히 공을 잡는 일이 더욱 중요합니다.

아무리 정확한 거리감으로 스윙을 했어도 공을 제대로 잡지 못하면 거리는 달라지게 마련입니다.

어맛!

이런 샷일때는 어드레스가 매우 중요합니다.

어드레스 때 머리가 공 뒤, 즉 오른쪽으로 기울이는 자세는 떠올리는 타법이 되어 더프나 탑핑이 됩니다.

×

그리고 평소 샷보다 공 한두개분 만큼 오른쪽에 두고 위에서 헤드를 떨어뜨려 공을 잡아 줍니다.

대개 탑핑이 무서워 밑에서 긁어 올리려 가는 탑핑이 되는 경우가 더 많습니다.

머리가 공 바로 위에 오도록 자세를 취합니다.

어이쿠, 방향이 나쁘다.

요즘은 20~30야드 거리에서 핀에 붙이기가 어려워요.

그린까지의 거리가 짧기 때문에 손의 움직임만으로 맞히기 때문입니다.

몸을 고정 시키고 손만으로 치면 감기거나 밀어내는 미스가 나오기 쉽습니다.

다시 말해 몸이 움직이지 않으면 손만가지고 클럽을 조작하기 쉬워져

임팩트에서 페이스의 방향이 제각각이 되기 쉽습니다.

감기는 것은 손목이 돌아갈 때이며

밀어내는 것은 페이스가 열린채 맞았을 때입니다.

작은 샷에서는 움직임이 작아지지만 큰 샷과 마찬가지로 어깨나 허리 무릎의 팔로우는 필요합니다.

하반신 특히 왼쪽 사이드의 리드에 의해 공의 방향성 도 좋아지는 것입니다. 큰 움직임은 좋지 않습니다.

러닝어프로치를 해서 핀에 붙여야겠어. 7번 아이언이라.

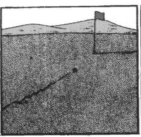

짧았어. 지금처럼 굴러가는게 일정치 않아.

굴리고자 할때는 헤드를 위에서 부터 떨어뜨려서는 안됩니다.

NO

위에서 떨어뜨리면 백스핀이 걸리기 도해 구름이 일정치 않습니다.

7번 아이언으로도 백스핀이 걸립니까?

헤드를 위에서 떨어뜨리면 3번 아이언도 백스핀이 걸립니다.

러닝어프로치는 공을 굴려야 하므로 퍼팅의 요령으로 칩니다.

헤드를 낮게 올려 쓸듯이 치는 겁니다.

페이스를 엎은 채로 올렸다 내린다.

체중을 왼쪽 다리에 많이 걸친다.

또한 임팩트에서 왼쪽겨드랑이 왼쪽 팔꿈치가 느슨하면 정확하게 히트시킬 수가 없습니다.

왼쪽겨드랑이를 조여 헤드가 공을 쫓아 가듯이 낮게 헤드를 냅니다.

페이스를 목표를 향한 채 낸다.

이 곳은 피치앤드런으로 붙이는 것이 좋겠죠?

샌드웨지가 좋을까요?

아니죠. 9번 아이언이나 피칭웨지쪽이 좋겠지요.

그렇습니다.

붙인다고하면 샌드웨지를 잡고 싶어 하는 사람이 많은데…

헤드가 무거운 샌드웨지는 꽤 조작하기 어려운 클럽입니다.

피치앤드런이라면 9번이나 피칭웨지가 좋습니다.

치는 법은 약간 체중을 왼쪽 다리에 많이 걸치고 서며

체중

페이스를 엎은 자세를 취합니다.

백스윙에서 손목(콕)은 별로 사용치 않습니다.

NO

손목을 사용하면 백스핀이 일정하게 걸리지 않아 거리를 맞추기 어렵습니다.

손목을 의식하지 않고 페이스를 엎은 채로 올려

손등과 함께 보내주는 느낌으로 칩니다.

공이 구르는 법은 라이에 따라서도 다릅니다.

공이 잔디에 떠있는 것 같은 라이에서는 별로 굴러가지 않는데

비록 페어웨이라도 공이 파묻혀 있는 경우에는 런이 많이 납니다.

물론 러프에서의 샷 또한 잘 굴러갑니다.

또한 오르막 경사에서의 샷에서는 공이 멈추기 쉬우며

내리막경사에서는 공이 잘 굴러 갑니다.

그린의 상태에 따라서도 런은 변합니다. 핀을 향해 올라가 있는지 내려가 있는지…

이러한 상황을 고려하여 런을 염두에 둬야 합니다.

런을 염두에 두고 나서 떨어뜨릴 곳을 정합니다.

어드레스에 들어가면 이미 핀은 보지 않습니다. 목표는 어디까지나 떨어뜨릴 곳이지 핀은 아닙니다.

핀을 보면 아무래도 세게 쳐버리는 수가 많습니다.

어프로치샷에서는 클럽에 따라서도 런의 길이를 변화시킬 수 있습니다.

7번 아이언이라면 캐리의 3배를 굴러갑니다.

10m의 어프로치 경우 3m올리고 7m정도 굴러가게 합니다.

캐리1 7번 아이언 런3

9번 아이언의 경우는 캐리의 2배정도 입니다.

9번 아이언

1   2

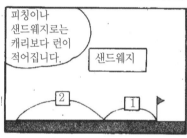

피칭이나 샌드웨지로는 캐리보다 런이 적어집니다.

샌드웨지

2   1

물론 라이나 그린의 상태에 따라 런은 변하며

치는 법에 따라서도 다릅니다. 몇번으로 치면 어느 정도 구르는지 자기 나름대로 파악해 둡니다.

공을 떨어뜨릴 곳은 원칙적으로는 그린위에 한해서입니다.

그린 밖이면 어느 정도 잔디에 먹혀 공의 힘이 죽는지 계산하기 어렵기 때문입니다.

5

그리고 가능한 공을 굴리는 편이 안전하며 핀에 붙을 가능성이 많습니다.

그러므로 그린에 가까이 붙을 수록 7번 아이언이나 9번 아이언으로 런을 이용한 어프로치샷이 좋습니다.

NO

그린에지까지 10야드, 그리고 핀까지 10야드로군.

됐다. 핀에 붙었다.

피칭엔드 런으로 붙여야 겠어.

어이쿠 지나쳤다.

러프에서는 공이 잘 굴러갑니다.

지금의 경우 캐리와 같은 정도로 굴러간 다고 봐도 좋습니다.

즉, 공과 핀의 중간에 공을 떨어뜨려야만 합니다.

지금의 경우 그린에지를 넘을 정도의 장소지요.

10Y

10Y

떨어뜨린 곳

이처럼 어프로치 샷에서는 공을 떨어뜨릴 장소가 중요합니다.

어디에 떨어뜨리 면 어느정도 굴러가서 핀에 붙을까 하는 계산입니다.

아무렇게나 핀을 노리고 치는 사람이 있는데 반드시 지나칩니다.

어프로치샷에서 노리는 것은 핀이 아니라 떨어뜨릴 장소 입니다.

떨어뜨린 곳

7

그린은 언덕뒤로 내려가 있습니다.

직접 그린에 떨어뜨리면 많이 오버 될것 같은데요.

어려운 샷이군요.

이런 경우는 그린에 떨어뜨리지 않고 바로 앞에 떨어뜨려 원쿠션 시키는 방법이 있습니다.그린에 올리기 전에 공의 힘을 죽이는 거죠.

고등기술이 군요.

그래요 그러나 꼭 핀에 붙이고 싶을 때가 있거든요.

먼저 생각해야 할 것은 공의 힘이 약하고 잘 멈춰버려선 안됩니다.

낮은 공으로 힘있게 잘 맞혀 그 자세로 그린에 올려야 하는 겁니다.

치는 법은 러닝 샷과 같습니다.

페이스를 엎어 위에서 공을 잡아 팔로우를 낮게 끝냅니다.

이때 주의할 것은 임팩트때 왼쪽 팔꿈치입니다.

왼쪽 팔꿈치를 뒤로 빼면 공에 백스핀이 걸려 공이 떠버립니다.

NO

임팩트에서는 왼쪽 팔꿈치를 겨드랑이에 붙인 채 헤드를 낮게 목표쪽으로 냅니다.

이렇게 되면 정확한 임팩트가 되어 힘있는 공이 낮게 날아갑니다.

그린이 언덕뒤로 내려가 있는데 직접 공을 떨어뜨려 멈추게 하려면 어떻게 해야해요?

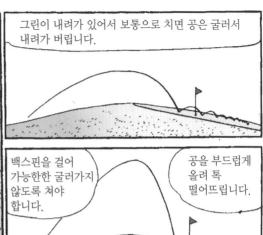

그린이 내려가 있어서 보통으로 치면 공은 굴러서 내려가 버립니다.

백스핀을 걸어 가능한한 굴러가지 않도록 쳐야 합니다.

공을 부드럽게 올려 톡 떨어뜨립니다.

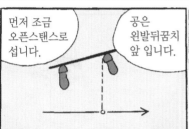

먼저 조금 오픈스탠스로 섭니다.

공은 왼발뒤꿈치 앞 입니다.

이 샷에서는 임팩트에서 팔로우까지 헤드를 돌리지 않고 나갑니다.

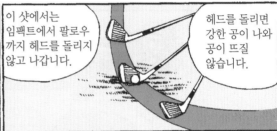

헤드를 돌리면 강한 공이 나와 공이 뜨질 않습니다.

이 샷의 포인트는 왼쪽 팔꿈치 입니다.

임팩트에서 팔로우할 때 왼쪽 팔꿈치를 살짝 보냅니다.

왼쪽 팔꿈치를 뺌으로써 헤드가 돌아가지 않는것 입니다.

헤드가 돌아가지 않음으로써 페이스는 목표를 향한 채 공밑을 빠져나가 백스핀 걸립니다.

공은 부드럽게 올라가고 떨어져도 별로 구르지 않고 섭니다.

30야드다 멋지게 붙여봐야지.

라이도 평탄하니 런으로 붙이려면 9번

앗! 생크다.

아이쿠…억울해, 이런 짧은 거리에서 생크라니….

어프로치때 거리를 맞추는 것은 백스윙의 크기로 조정한다고 누차 말씀 드렸지요.

그래서 거리가 안맞은 건 좋은데 왜 생크가…?

손힘으로 거리를 맞추려다가 손에 힘이 들어간 결과이에요.

손에 힘이 들어간다는 것은 곧 오른손에 힘이 들어간 때문이죠.

오른손에 힘이 들어가면서 오른손이 앞으로 내밀어져 클럽 목 부분에 공이 맞은 겁니다.

특히 가까운 거리의 어프로치 샷은 경직되어선 안됩니다. 부드럽게 백스윙의 크기로 거리를 맞춰 나갑니다.

앗! 뒤땅이다.

벙커너머핀이라…

결국 벙커에 빠지고 말았어.

지나치게 벙커를 의식한게 화근이로군요.

20야드거리에서 백스윙이 너무 컸어요.

대개 아마추어들은 컨트롤 샷에서 백스윙을 크게 하고 다운스윙때 힘을 빼는 타법으로 거리를 조절하려 합니다.

백스윙이 크면 정확하게 공을 잡을 수가 없습니다.

그래서는 탑핑이나 스커프(뒤땅)가 발생합니다.

언제나 말하듯이 샷의 힘은 같습니다. 백스윙의 크기로 거리를 맞춰서 가볍게 찍어 내려주면 됩니다.

이 정도는 붙일 수 있다.

다운블로로…

역시 벙커를 의식해서 컸어…

이럴 때 멋지게 스핀이 걸려 멈추는 볼을 치고 싶은데…

짧은 거리에서 굳이 펀치샷을 할 필요 없습니다.

핀은 그린에이지에서 꽤 머니까 피치앤드런이면 됩니다.

앞에 있는 벙커를 무시하고 공이 떨어지는 지점만 생각합니다.

피칭웨지라면 핀의 앞7m. 샌드웨지라면 5m입니다.

PW   SW.

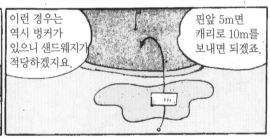

이런 경우는 역시 벙커가 있으니 샌드웨지가 적당하겠지요.

핀앞 5m면 캐리로 10m를 보내면 되겠죠.

전에도 말했지만 10m라면 10m스윙 크기를 벌려 입력 합니다. 어드레스에 들어가면 그 스윙을 하면 됩니다.

10m

잘 칠수 있을까 라든지 핀의 위치에 너무 신경쓰면 헤드업을 하거나 뒷땅을 칩니다. 칠대는 핀의 위치는 잊어버리고 10m샷에 몰두합니다.

굿샷

벙커너머 바로 핀이 있는데 이럴 경우 펀치샷으로 딱 멈추는 공을 치고 싶은데

가장 어려운 어프로치샷이 되겠군요.

이럴 때 클럽은 샌드에지가 좋습니다.

그리고 마치 벙커샷을 하듯 공략해 가야 합니다.

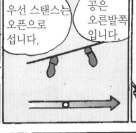

우선 스탠스는 오픈으로 섭니다.

공은 오른발쪽 입니다.

벙커샷 때처럼 바로 콕킹을 하면서 스윙에 들어 갑니다.

이 때 스윙 궤도는 아웃사이드 인의 스윙궤도 입니다.

목표

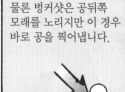

물론 벙커샷은 공뒤쪽 모래를 노리지만 이 경우 바로 공을 찍어냅니다.

공은 클럽 목쪽에서 바깥쪽으로 빠져 나가듯 쳐줍니다.

팔로우에서는 왼쪽 팔꿈치를 당기며 빼줍니다.

이렇듯 클럽페이스의 많은 면을 스쳐 빠져나간 공은 많은 스핀이 걸려 곧바로 멈추는 볼이 됩니다.

약간의 런은 오른쪽으로 흐르니 핀 왼쪽을 노려야 합니다.

러닝 어프로치에서 거리조절이 무척 힘이 드는데요.

그래요.

대개 러닝어프로치는 클럽선택에 따라 거리를 염두에 둬야 합니다.

때문에 특별한 라이 상태가 아니면 자기가 가장 만만한 클럽하나를 숙달을 시키는 것도 방법입니다.

7번이나 8번…9번

어떤 골퍼는 피칭웨지 하나로 펀치샷, 러닝샷 여러가지를 조절 해서 쓰기도 합니다.

라이 상태에 따라 클럽을 눕히기도 하고 덮기도 하면서 말입니다.

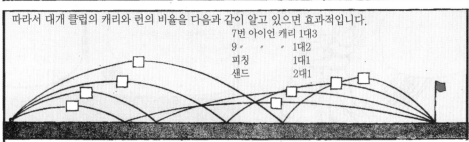

따라서 대개 클럽의 캐리와 런의 비율을 다음과 같이 알고 있으면 효과적입니다.

7번 아이언 캐리 1대3
9 〃   〃 1대2
피칭   1대1
샌드   2대1

전자계산기에 입력시켜 둬야지

탁형이 돌머리인 줄 이제 알았다니까.

같은 클럽, 같은 캐리로 러닝 어프로치를 했어도 거리가 일정치 않은 경우가 있거든요.

샷의 방법을 달리해서 그렇습니다.

러닝어프로치라도 찍어서 굴리는 경우와 퍼팅과 같이 볼만 쓸어주는 경우 거리가 다릅니다.

볼을 치면서 바닥을 찍었을 경우

볼은 탄력있게 구릅니다.

반면 라이가 땅바닥이나 잔디 상태가 좋지 못한 곳에서 볼만 퍼팅처럼 쓸어줬을 때는 볼에 탄력이 없어 거리가 나지 않습니다.

단, 어떤 경우라도 풋워크나 몸을 많이 써서는 정확한 거리를 얻을 수 없습니다.

짧은 거리일수록 헤드업은 금물이며 몸의 턴으로만 칩니다.

마치 공을 페이스에 실어 나른다는 느낌으로 손만 내리면서

작은 무릎이나 허리의 움직임이 따르도록 해야 합니다.

러닝 어프로치로 붙인다.

앗! 생크!

어휴~ 속상해. 꼭 이렇게 짧은 거리에서 생크가 나오는데 왜 그렇죠?

생크란 결국 클럽 목부분에 공이 맞은 겁니다.

짧은 거리일수록 생크가 많이 나오는건 그 만큼 몸을 안쓰고 손으로만 치려하기에 나오는 겁니다.

손으로만 가볍게 치려고 하다가 오른손에 힘이 들어가면서 오른손이 앞으로 나오기 때문에 클럽 목부분에 맞게 됩니다.

짧은 거리에서 아무리 부드럽게 친다고해도 왼팔의 긴장감은 가지고 있어야 합니다.

왼팔로 치는걸 잊어서는 안됩니다.

무심코 몸을 안쓰고 손으로 치려다보면 자칫 왼손이 오른손에 져서 생크가 발생하는 겁니다.

왼손 바보…

10m만 보내면 핀에 가서 붙겠지…

어머! 뒤땅…

러닝 어프로치라고 해서 공 뒤쪽만 노려치니깐 뒤땅이 발생하는 겁니다.

공 뒤를 때려야 잘 구르는것 아닌가요?

어떤 경우라도 공의 뒤를 노리면 뒤땅이나 탑핑이 나옵니다.

러닝 어프로치라도 공의 위와 옆의 중간지점을 노려야 합니다.

스탠스는 오픈으로 서며 공은 오른발쪽에 둡니다.

그리고 체중은 왼발에 많이 싣습니다. 그러면 핸드퍼스트의 자세가 되어 클럽페이스는 약간 덮어지게 됩니다.

체중

그리고 손목을 쓰지않고 왼팔로 긁어내리듯 공을 찍어주면 정확히 공을 잡을 수 있습니다. 왼팔이 지렛대 역할을 하도록 고정시켜 내려야 합니다.

포대그린은 런이 많이 생간다고 했으니 좀 짧게…

톡

포대그린에 좀 짧아서 다시 어프로치 해야겠군.

으앗! 별로 런이 안생겨서 짧았다.

포대그린은 런이 많이 생긴다고 했는데 어찌된 일이죠?

그래도 지금 조사장님 라이의 경우는 틀립니다.

조사장님 공은 경사면에 위치해 있었어요.

어드레스에서 이미 많은 로프트가 생긴셈입니다.

이 경우는 평지의 라이보다 더 많은 로프트가 생기며 스핀도 그만큼 더 걸리게 됩니다.

대개의 오르막 라이 어프로치는 공이 뜨며 스핀이 많이 걸립니다.

나는 장타도 불가능하고… 아무래도 골프에 한계를 자주 느끼게 돼요.

ㅎㅎ… 이제 자신을 돌아볼줄 아시는군.

저도 마찬가지예요.

그런 일로 낙심한다는 건 어리석은 일이에요.

골프는 장타도 1타고 단타도 1타입니다.

거리에 자신이 없는 분은 쇼트게임으로 충분히 그것을 극복할 수 있는 것이 골프입니다.

사람은 참으로 공평한 면이 있어서 장타가 아닌 사람들은 대체로 쇼트게임에 강한 면이 있게 됩니다.

롱아이언을 치지못하는 사람은 대신 페어웨이 우드를 잘치는 경우입니다.

그 만큼 많이 잡는 클럽에 누구나 장기를 갖고 있는 법입니다.

투온을 잘시키지 못하는 골퍼가 어프로치에 강한 면을 보입니다.

그 만큼 어프로치샷을 할 기회가 많기 때문이라고 생각합니다만.

조사장님같이 장타가 어려운 사람은 어프로치로 그것을 극복하는 길입니다.

결코 골프는 장타만이 행세하는 운동이 아닙니다.

숏게임 어프로치때 방향 조정이 참으로 어려운데요.

그렇죠. 퍼팅못지 않은 방향성을 요구하는 것이 어프로치 입니다.

대개의 골퍼는 어프로치때 스탠스가 오픈으로 서는 경우가 많습니다.

평행이든 오픈이든 그것은 자기가 편한대로 선택합니다.

대개 오픈으로 설 때는 공을 오른발쪽으로 놓으라고 합니다.

그러나 오픈으로 서게되면 자연히 공은 오른발쪽으로 가 있는 느낌이 듭니다. 그것으로 족합니다.

이때 방향이 문제인데 어드레스때 클럽헤드 웨지가 목표와 직각을 만들어 주도록 합니다.

이 경우는 대개 러닝어프로치 때 행하는 자세입니다.

클럽은 많이 눕히거나 세우는데, 대개 방향은 클럽의 아랫면을 목표에 맞게 갖다놓으면 방향설정은 완성되는 것입니다.

110

어프로치때 클럽 아랫면을 목표선상에 직각을 만들어주라고 했습니다.

그러나 강한 백스핀을 걸어야 할 때는 헤드를 많이 높이게 되는데 그 때도 핀을 향해 아랫면을 맞혀야 하나요?

앞에 벙커가 있어서 떨어져서 딱멈추게 하고 싶을 때 역시 같습니다.

그럴 때 스윙궤도와 샷이 달라야 합니다.

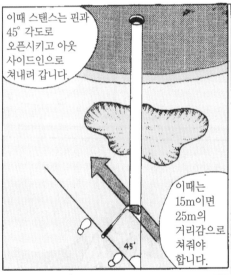

이때 스탠스는 핀과 45° 각도로 오픈시키고 아웃사이드인으로 쳐내려 갑니다.

45°

이때는 15m이면 25m의 거리감으로 쳐줘야 합니다.

이 때 중요한 것은 왼팔꿈치를 벙커 샷 때와 같이 빼주라는 겁니다.

이럴 때 강한 백스핀이 걸려 공은 떨어지자마자 바로 서게 되는 것입니다.

어프로치샷의 중요함은 아무리 강조해도 지나치지 않습니다.

특히 아마추어는 어프로치 칩샷에 스코어가 엄청나게 달라지기 때문입니다.

대개의 아마추어들은 칩샷 때 지나치게 손목을 많이 쓰는 경향이 있습니다.

손목을 많이 쓴다는건 그 만큼 뒤땅이나 탑핑발생의 원인이 됩니다.

가까운 칩샷은 어깨와 팔이 만든 축으로 찍어주라는 것입니다.

백스윙은 거리만큼 가볍게 가져 갑니다.

힘으로 거리를 조절하지 말고 백스윙으로 거리를 맞추는 것은 퍼팅 때와 같습니다.

백스윙이 가볍게 올라 가면서 자연스레 콕킹을 해줍니다.

이때 콕킹한 손목을 풀지말고 그대로 어깨와 팔만으로 클럽을 떨어뜨리듯 내려와 줍니다.

물론 리드미컬한 허리회전도 따라야 됩니다. 손목을 쓰지 않는다는 것이 포인트 입니다.

짧은 칩샷 때는 허리를 쓰지 말라고 들었는데요.

예. 그것은 그만큼 팔과 손으로만 정확하게 볼을 잡으라는 뜻입니다.

그리고 그것은 쓸어치듯 러닝 어프로치 때 적용되는 이야기입니다.

마치 팔만으로 퍼팅을 하듯 말입니다.

그러나 스핀을 걸듯 찍어치는 샷에서 지나치게 허리를 쓰지않고 팔로만 치려 했을 때

샷 동작이 부자유스러워지며 생크발생의 원인이 됩니다.

허리를 쓰라고 해서 과다하게 써서는 방향이나 거리를 맞추기가 어려워 집니다.

부드럽게 헤드무게를 느껴가며 클럽을 떨어뜨려 찍어 쳤을 때는 자연스런 허리동작이 따라옵니다.

골프에서 어떤 이론이든 그것을 고지식하게 해석해서는 곤란합니다.

어떤 경우든 양면성은 있게 마련입니다.

허리를 쓰지 말라고 해서 지나치게 그걸 의식해서는 곧 경직된 샷이 나옵니다. 칩샷처럼 예민한 샷은 특히 부드러워야 합니다.

이 경우 러닝어프로치도 관계없지만 탁형 정도는 스핀을 걸어 띄워 붙여보세요.

15야드 정도의 어프로치인데 평탄한 라이이니 러닝 어프로치로 해야겠죠.

왜냐하면 러닝 어프로치를 시도하려면 그린앞 에프론에 떨어뜨려야 합니다.

아무리 라이가 평탄하다고 해도 그린과 달리 어디로 바운드가 튈지는 예측이 곤란합니다.

때문에 이 경우처럼 핀이 그린 바깥쪽에 붙어 있을 경우는 공을 띄워 바로 그린에 떨어뜨리도록 시도하는 것이 안전합니다.

러닝 어프로치는 그린에서 핀까지 여유가 있을 때 하는 것이 안전합니다.

나이스 어프로치 잘했어요.

멋지게 붙여서
원퍼팅으로
처리해야지

엇!
뒤땅이다.

어이구~ 그린
근처에 와선 항상
이 모양 이라니까

조사장님은 이번
실패의 원인이
어디 있다고
생각하나요?

헤드업
같아요.

잘보셨어요.
이유도 모른 채
실수하는 것보다
원인을 안다는건
좋은 일이죠.

대개의 경우 미묘한
거리를 맞추기 위해
그 쪽에 잔득 신경을
쓰고 샷을 하려했을
때 헤드업을 하게되고
방금처럼 미스샷이
나옵니다.

거리를 머리에
입력시키고
거리에 맞는
빈스윙을 몇번
해보세요.

만족할 만한 빈스윙이
이루어졌을 때 핀은
의식하지 않고 좀전의
빈스윙만 의식하고 공만
정확히 잡도록
노력합니다. 스윙이
작은 어프로치나
퍼팅에서 헤드업은 절대
금물입니다.

초보자들이 어프로치때 가장 실수를 많이 하는 이유들에는,

우선 헤드업이 있고,

그 다음이 떠올리려는 샷을 하기 때문입니다.

떠올린다는 것은 곧 공 밑부분을 노리게 되는데,

잔디상태가 아주 좋아 공이 경쾌하게 잔디위에 올려져 있을 때는 실수가 적지만,

대개 그린주위 에지는 배수관계로 많이 밟아주었기 때문에 잔디상태가 좋지 않은 것이 대부분입니다.

이럴 때 공밑을 노린다는 것은 프로라도 위험한 일입니다.

그러기 위해서는 체중을 왼발에 많이 걸쳐주고 공은 오른발쪽에 두면 뒷땅의 실수는 막을 수가 있게 됩니다.

그래서 항상 강조해 왔듯이 공을 옆에서 밑을 노리지 말고 위에서 넉넉히 찍어내려주라고 말했습니다.

언덕을 넘겨 굴러려려야 하는 어려운 곳에서 어프로치를 해야겠는데

이 경우 조금만 짧으면 그린온이 어렵고 조금만 길면 정신없이 굴러 내려갈 것 같은데

아주 미묘한 곳에서 어프로치 해야 하겠군요

이럴 때에는 약간 변칙스타일로 공략하기로 합시다.

변칙이 라뇨?

퍼팅에서 덜구르게 하기위해 한복판에 퍼팅하지 않듯이…

어프로치 때도 페이스 끝부분 으로 쳐주면 매우 약하게 공이 나갑니다.

이러면 평지와 같은 거리의 힘으로 쳐도 거리가 맞습니다. 물론 이는 늘 사용하는 방법이 아닙니다. 그러나 아주 짧은 거리에서 퍼팅하듯 가볍게 치기가 어려울 때 이 방법을 쓰기도 합니다.

러닝 어프로치때 그린의 경사면을 면밀히 잘 읽는 일은 거리를 맞추는데 무엇보다도 중요합니다.

내리막 경사의 그린인 경우 의외로 많이 구른다든지

오르막 경사에서 못미치는 경우가 많습니다.

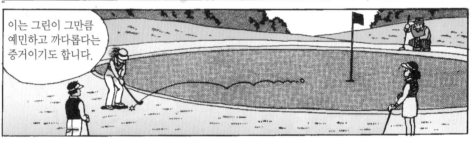

이는 그린이 그만큼 예민하고 까다롭다는 증거이기도 합니다.

그린은 민감해서 육안으로 느끼는 이상으로 반응을 나타냅니다. 때문에 내리막 경사는 생각했던 것보다 덜 보내주고 오르막 경사 때는 생각보다 더 보내준다는 느낌으로 쳐주는 것이 좋습니다.

물론 그린이 말라서 잘 튀는 경우와 비온 뒤 그린에 습기가 머금은 상태, 또 오전과 오후가 다른 것이 그린입니다. 그 만큼 그린은 민감합니다. 그것을 잊어서는 안됩니다.

30m 어프로치샷 인데…

붙여야지

엇! 생크다.

난 가끔 이런 짧은 거리에서 생크가 나오는데

그래요. 짧은 거리에서 생크 발생이 자주 나는 것을 볼 수 있습니다.

생크는 클럽 헤드넥에 공이 맞는 현상입니다.

즉 오른팔을 많이 쓰므로 해서 클럽 헤드가 앞으로 나가기 때문에 생기는 현상이죠.

오른손을 많이 써서 깊이 들어가면 뒤땅이 나오는 것도 같은 결과입니다.

이럴 땐 왼어깨를 좀더 들어서 어드레스를 하고

물론 헤드업은 금물입니다. 짧은 거리일수록 헤드업의 나쁜 영향을 많이 받게 됩니다.

백스윙을 뒤로 빼지마시고 앞쪽으로 빼듯이 해서 오른쪽 어깨가

NO

앞으로 나오지 않게 잡아주며 히트해 갑니다.

그린 주위 에지에서 어프로치샷을 할때 프로선수들은 홀에 직접 넣겠다는 듯 퍼팅처럼 정교한 샷을 구사하는 걸 볼수 있습니다.

아마추어야 가능한 한 원퍼팅이 되도록 홀에 붙이는 것이 최선이겠지요.

이런 샷의 경우 우선 라이를 면밀히 살피는 것이 무엇보다도 중요합니다.

잔디가 잘 깎여서 라이가 좋은 상태일 때 공을 왼발뒤꿈치의 연장선상에 둡니다.

그리고 클럽페이스는 홀과 직각이 되도록 합니다.

엉덩이 회전은 아주 약하게 해주며 가볍게 공을 히트해 줍니다.

공을 히트한 후에도 잔디가 많이 뜯겨 나가지 않도록 정확히 공을 타구하는 것에만 집중 시킵니다.

특별히 공을 잡는 순간 임팩트를 느껴서는 안됩니다. 거리에 따라 조정된 백스윙으로 부드럽게 쳐주는 것이 포인트 입니다.

웨지로 샷을 할 때는 공을 미워해서는 안됩니다. 귀여운듯 부드럽게 리듬으로 샷을 해줘야 합니다.

이 경우 공이 놓인 라이가 양호하지 못하고 잔디에 살포시 들어있다면 공과 클럽 사이에 잔디가 끼게 마련입니다.

좋은 라이일 때보다 스핀이 덜 걸려 런이 많아집니다.

이때 공의 위치는 오른발쪽에 두고 클럽페이스는 열어줍니다.

이렇게 자세를 취했을 때 과도한 오버스핀을 맞을 수가 있습니다.

클럽 페이스가 열려 있기 때문에 공은 페이드가 되는 왼쪽을 노립니다.

팔로우는 충분히 해줍니다. 이는 의식적으로 날카로운 다운스윙을 부드럽게 가져가기 위함입니다.

다운스윙은 잔디를 약간 잘라낼 수 있을 정도로 충분히 날카로운 각도로 히트해 갑니다.

대개 어프로치의 미스샷에는 훅이나 슬라이스 같은 방향성보다

더프나 탑핑, 생크같은 미스가 대부분입니다.

어프로치는 그만큼 미묘하고 감각적인 킨트롤 샷입니다.

어프로치샷을 미스없이 잘할 수 있다면 스코어는 부쩍 향상될 수 있습니다.

어프로치나 퍼터 같은 미묘한 샷에서 가장 주의할 점은 뭐니뭐니 해도 헤드업입니다.

언젠가 말씀드렸듯이 짧은 거리일수록 헤드업의 폐해가 크게 나타나는 법입니다.

어프로치샷일 수록 볼의 방향 여부가 궁금해지는 것이 일반적인 심리입니다.

조금이라도 더프나 탑핑이 발생한다면 어이없는 한타를 그냥 소비하기 때문입니다.

절대 헤드업을 하지 않아야 마음 먹은대로 공을 잡을 수 있기 때문입니다.

공이 흘러서 멈출 때까지 공을 절대 보지 않는다는 각오로 샷을 해야 합니다.

우선 피칭웨지로 콘트롤 샷을 하는 방법을 말한다면 공의 위치는 몸 중앙이 좋습니다.

그리고 약간 오픈 스탠스로 서주는 경우가 대부분입니다만 스퀘어로 서는 방법이 나쁘다는 뜻은 아닙니다.

자기가 편한 대로 선택합니다.

백스윙에 있어서 짧은 거리일 수록 하반신은 거의 움직이지 않도록 단단히 해줍니다.

백스윙에서 콕킹해 준 손목을 풀지않고 그대로 끌고 내려와 줍니다.

그리고 그 콕킹은 공의 위치를 지날 때까지 완전히 풀지 않고 공을 정확히 잡아 줍니다.

팔로우에서도 결코 클럽 헤드가 손보다 앞으로 나가 손목이 돌아가지 않도록 주의를 합니다.

헤드업은 금물입니다. 공을 바라보더라도 곁눈으로 본다는 느낌으로 봐야 몸이 흐트러지지 않습니다.

클럽페이스가 목표를 그대로 향하도록 해줍니다. 그렇게 되면 오른손이 왼손을 덮는 일은 생기지 않습니다.

그린 에프론에서 라이가 좋은 상태라면 퍼터가 무난한 공략법이라고 말씀드렸습니다.

그러나 에프론의 결이 험해서 잔디의 저항이 심하다거나 웨지에 놓여있는 공의 상태가 좋지 않을 경우가 있습니다.

이럴 때는 퍼터를 포기하고 피칭웨지를 선택하게 마련인데 이경우 저는 롱아이언을 권하고 싶습니다.

웨지는 클럽 가장자리가 뾰족하기 때문에 더프가 될 위험이 있습니다.

이때는 4번이나 5번 아이언으로 공략하는 방법이 있습니다.

이 경우 퍼터를 하듯 러닝어프로치를 해준다면 더프가 날 염려가 없으며 잔디의 저항에 걸리지 않기 때문에 이상적입니다.

물론 경사가 평탄한 경우의 얘깁니다. 그렇지 않을 경우는 8번이나 9번 아이언으로 퍼팅하듯 러닝을 해준다면 좀더 높은 로프트로 러닝이 가능하겠지요

그린 앞 통로에 공이 멈춰있고 그린 바로 앞에 핀이 가깝게 있는 경우가 있습니다.

이 경우 지나치게 거리가 짧아서 피칭웨지나 숏아이언으로 런닝 어프로치 하기가 미묘해집니다.

이럴 때는 역시 퍼터가 가장 무난합니다.

에프론 잔디의 저항을 감안해서 30cm나 1m의 거리를 더 보낸다는 느낌으로 퍼터를 해줍니다.

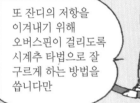

또 잔디의 저항을 이겨내기 위해 오버스핀이 걸리도록 시계추 타법으로 잘 구르게 하는 방법을 씁니다만

에프론 가까이 핀이 있다면 너무 잘 굴러 많이 지나치는 경우가 생깁니다.

이렇게 하면 짧게 때려준 힘에 의해서 에프론 저항을 이겨내며 그린에 올라가서는 많이 구르지 않는 공이 나와 거리를 맞추기 쉬워집니다.

이 경우 퍼터의 그립을 단단히 잡고 공을 짧게 끊어치듯 때려줍니다.

마치 위에서 찍어주듯 팔로우없이 공을 때려 줍니다.

대개 어프로치샷에서 중요한 것은 아마추어들로서는 거리감입니다.

10미터 이상일 때는 클럽 선택으로 거리를 맞춰갔지만 100미터 이하일 때는 피칭웨지로 거리를 조절해야 하기 때문에 어려움이 따릅니다.

그래서 혹자는 아예 자기가 좋아하는 거리쯤에 공을 보내놓고 공략 하기도 합니다.

그러나 역시 핀에 붙이려든다면 가까운 거리일수록 유리합니다.

그래서 70미터 이하의 어프로치샷은 백스윙의 크기로 거리를 조절하기도 합니다.

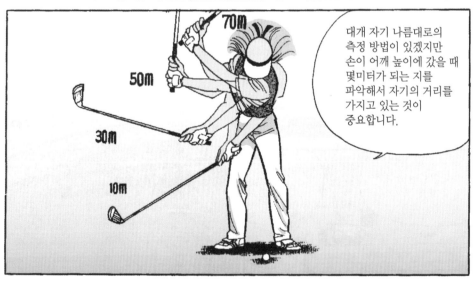

대개 자기 나름대로의 측정 방법이 있겠지만 손이 어깨 높이에 갔을 때 몇미터가 되는 지를 파악해서 자기의 거리를 가지고 있는 것이 중요합니다.

어프로치샷의
거리감은 백스윙으로
맞춰간다고
말씀드렸지만 임팩트
때 힘의 가감으로
거리가 달라질 수도
있습니다.

이는 짧은 거리
일때 스윙면을
흐트러지게 하는
경우가
많습니다.

필히 어드레스 때의
자세대로 임팩트 때
돌아와 있어야
합니다.

타격의 힘을
가감하려고 손을
더욱 앞으로
내밀거나

반대로 헤드가
손보다 먼저 공에
도달했을 때는

임팩트가 가해지지
않아 쇼트가 되거나
방향이 형편없게
됩니다.

때문에 어떤
경우에도 어드레스
자세대로 임팩트를
맞아야 함을
잊어서는 안됩니다.

70미터 이하의 어프로치샷은 팔로우를 크게 잡으려 하면 더프나 탑이 많아집니다.

안!

이 때는 공을 오른발쪽에 가까이 둡니다.

이 때 스윙의 간격은 백스윙과 팔로우를 다르게 해주어야 합니다.

즉 백스윙이 3이라면 팔로우는 1의 비율로 위에서 헤드를 떨어뜨려 줍니다.

3

1

또한 임팩트부터 앞을 천천히 후려쳐주면 백스핀은 잘 걸리게 됩니다.

50~70미터의
어프로치샷은 100미터
이상에서 그린온 시켰을
때보다 백스핀이 덜
걸리게 마련입니다.

이럴 때 누구나
백스핀이 잘
걸리는 샷을
구사하고
싶어합니다.

그래서 대개들
클럽페이스를 많이
열어서
어드레스하고

오픈스탠스로 공
아래를 재빨리 빼내려
하는 사람이 많습니다.

그러나 이는
오히려 스핀이
걸리지
않습니다.

저는 반대로
페이스를 닫는
기미로
어드레스하여

업라이트한
테이크 백에서

공을 뭉개듯
위에서 때려
나가 줍니다.

백스핀이 잘
걸리는걸 알 수
있을 것입니다.
한번 시도해
보세요.

온그린을 실패하여 공이 그린 주위에 와 있을 때의 처리에서 상급자와 하급자의 차이가 가장 잘 나타나게 마련입니다.

상급자 같으면 특별한 장애물이 없는한 온그린과 같은 느낌을 가지게 됩니다만

하급자는 불과 그린을 몇 미터 남겨 두고 몇번만에 온 그린 시키는 경우도 있습니다.

우선 명심해야 할 것은 그린 주위에 아무 장애물이 없으면 오직 굴리는 것만을 생각합니다.

아주 평탄한 그린 주위라면 저는 5번 아이언을 선택합니다.

5번

5번아이언의 페이스를 조금 덮어 퍼터와 마찬가지로 칩니다.

절대 어렵다고 생각말고 평소 자기가 그린 위에서 퍼팅하듯 해보세요.

그린 주위에 잔디를 잘이겨 내며 핀까지 도달하게 됩니다.

그린 에지에서 퍼팅으로
공략하려할 때 잔디가
길어서 곤란하면
5번이나 7번 아이언
정도로 퍼팅과 같이
굴려주라고 말씀
드렸습니다.

이 때에 유의할 점은
스탠스입니다.

스탠스 폭이 넓으면
양무릎의 움직임이
따로따로 되어
손목으로 떠올려
치기 쉬워집니다.

손목으로
떠올려치게 되면
공이 스무스하게
구르지 않습니다.

스탠스 폭을
좁게하며 양무릎을
가까이 하여
섭니다.

그러면 떠올려 치는
실수를 하지 않고
퍼팅 때와 같이
그대로 클럽 페이스를
핀 방향으로 내주기
쉬워집니다.

공의 구름도
부드러워서 거리감을
맞춰 나가기가
쉬워집니다.
양무릎을 붙이듯
좁게 서는 것이
포인트 입니다.

131

그린에지에서 에지샷으로 핀에 붙이고 싶어할 때 가장 중요한 것은 거리를 맞추는 일입니다.

막연하게 겨냥한다면 원퍼트 거리로 붙이는 것을 실패하고 말 것입니다.

공을 띄우든 굴리든 떨어뜨릴 곳이 결정되지 않으면 거리감은 파악되지 못합니다.

막연히 핀까지의 거리로 친다면 자칫 백스윙은 커지고

이에 반해 임팩트는 느슨히 하게 되어 더프가 되는 수가 많습니다.

처음에는 어디에 떨어뜨려야 할지 몰라 망설여지기도 하겠지만 실패하더라도 반드시 떨어뜨릴 곳을 결정하고 그곳에 떨어뜨리도록 노력합니다.

겨냥한 곳에 정확히 떨어뜨릴 수 있게 되면 거리감도 잘 읽을 수 있습니다.

떨어뜨릴 지점 ➡

포대그린에서 핀에 붙여야 할 어프로치샷은 그 나름대로의 요령이 있어야 합니다.

포대그린은 대개 공이 떨어져서 많이 구른다는 것을 명심해야 합니다.

때문에 클럽 페이스를 많이 열고 오픈 스탠스로 섭니다.

이 경우 공은 오른쪽으로 나가므로 목표는 핀보다 왼쪽을 노려야 합니다.

또 핀이 그린 안쪽 깊숙이 자리하고 있는 경우에는

피치앤드런은 핸드퍼스트의 자세로 페이스를 덮어서 칩니다.

핀까지의 거리에 따라 클럽 사용을 조절해야 하겠지만 테이크백 때의 콕을 풀지않고 퍼트의 요령으로 분명히 히트하는 것이 중요합니다.

공은 부드럽게 굴러 핀에 도달함을 알 수 있습니다. 띄워야 할 때와 굴려야 할 때를 잘 선택해서 공략하는 것이 중요합니다.

그린 주위에서
핀이 바로 앞에
있을 때는 미묘한
거리감과 저항없이
구를 수 있는
그린이 짧아
공략하기가 쉽지
않습니다.

이럴 땐 가급적
그립을 단단히
잡는 것이
유리합니다.

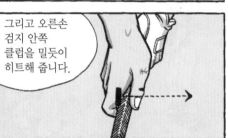

그리고 오른손
검지 안쪽
클럽을 밀듯이
히트해 줍니다.

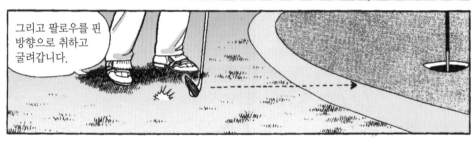

그리고 팔로우를 핀
방향으로 취하고
굴려갑니다.

앞서 그립을 단단히
잡는 것이 좋다고
말씀드렸는데 이는
약간 강하게 히트하기
위함입니다.

반면 백스윙과
팔로우는
짧아지게 됩니다.

'툭' 하고 짧게
끊어치는 느낌으로
히트하며 굴려줍니다.
에지의 거친 잔디결의
저항을 이겨내고
그린에 도달해서는
힘이 빠져 알맞게 핀에
도달할 것입니다.

아마추어 골퍼들이 그린 주위에 와서 쩔쩔매는 경우가 많습니다.

특히 벙커 너머 핀에 붙이는 샷을 매우 힘들어 합니다.

대개 이럴 때 샌드 웨지로 공략하게 되는데

벙커에 빠지지 않게 하기 위해 넉넉하게 치다가 그린을 오버시키는 때가 많습니다.

때문에 벙커를 넘기기 위해 백스윙을 크게 가져가고

정작 그린 오버가 두려워 다운스윙을 느슨하게 가져가면 더프나 탑핑이 발생합니다.

이럴 때는 클럽을 짧게 잡습니다.

백스윙을 그리 크게 가져가지 않고 알맞게 올립니다.

앞에 장애물을 의식, 멈칫멈칫해서 백스윙과 다운스윙의 흐름이 달라지면 실패하게 됩니다. 확실한 스윙이 필요합니다.

그리고 작은 스윙으로 확실하게 후려쳐 줍니다.

벙커를 넘겨서
붙이려면 넉넉하게
핀을 노려야지.

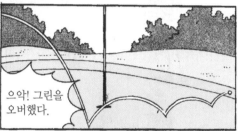

으악! 그린을
오버했다.

이 경우 핀을 바로
노리는건 좋은데
멈추는 공을
구사해야만 해요.

어떻게 해야 딱
멈춰서는 공을 칠
수 있나요.

첫째, 오른쪽
어깨가 움직여
앞으로 나가서는
안됩니다.

오른쪽 어깨를
그대로 두고서
다운스윙 후 피니시를
높이 가져가게 후려쳐
줍니다.

공은 그 만큼 높게
올라가고 백스핀은
잘 걸려 멈추는
공이 됩니다.

나는 조심해서
퍼터로 붙여야지.

툭

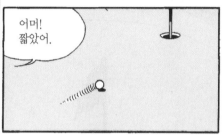

어머!
짧았어.

에프론 잔디의
저항을 잘못
읽었나봐요.

에프론 잔디가 잘
깎여서 짧은데도
심하게 저항을 받네.

자세히
보세요.

잔디가 짧아도
잔디의 결이
역결로 되어
있어요.

이럴 땐 의외로
잔디결에 먹혀서
짧아지기
쉽습니다.

에프론 잔디가 짧더라도
역결일 때는 넉넉하게
쳐줍니다. 그래야 핀에
다다를 수 있습니다.

그린 주위에서 칩샷을 할 경우 어느 지점에 떨어뜨릴 것인가를 먼저 정하라고 했습니다.

그러나 그보다 먼저 생각할 것은 높이 띄워서 떨어뜨리느냐 좀 낮게 떨어뜨리느냐를 결정해야 합니다.

이렇게 공의 탄도를 조절하는 것은 공의 위치를 조정하는 것이 아니라 손의 위치를 바꿔줘서 조정합니다.

그린 에지로부터 약 5야드 거리에서 짧은 칩샷을 8번 아이언으로 해준다고 가정해 봅니다.

탄도를 높게 해서 홀 가까이 떨어 뜨리겠다고 한다면 공의 위치보다 1인치 정도 손이 뒤에 오도록 어드레스 해줍니다.

세로스윙

탄도를 낮게 해서 잘 구르게 하고 싶다면 양손을 공보다 좀더 앞쪽에 두도록 해야 합니다.

짧은 거리의 칩샷을 미스하는 대부분의 경우는 오른손으로 공을 떠올리려 하는데 있습니다.

이러면 탑핑이나 더프가 발생합니다.

어이쿠

칩샷의 요령은 양쪽 팔과 양쪽 어깨로 삼각형을 만들어주고

클럽은 왼팔과 연장선상으로 놓게 만들어줍니다.

이렇게 해서 샷을 하는 동안에 손목을 쓰지 않고 만들어진 삼각형이 유지되도록 해줍니다.

공을 띄우는 것은 클럽의 로프트만이 해줍니다. 부드럽고 리듬있게 쳐주기만하면 되는 것입니다.

그린 주위에서 방해물이 없다면 가능한한 굴려주라고 했습니다.

그런데 과연 어떻게 굴리는 것이 효과적인지를 생각해 보지요.

대개 잘 구르게 하는 클럽 선택은 롱 아이언이나 미들 아이언을 사용합니다.

왜냐하면 이들 클럽들은 페이스가 직립해 있기 때문에 굴러가는 것을 어림할 수 있기 때문입니다.

로프트가 많은 웨지나 숏아이언은 볼의 탄성을 쳐서 그린을 오버시키거나

백스핀이 지나치게 걸려서 미치지를 못하는 경우가 많기 때문입니다.

때문에 로프트가 없는 클럽으로 단단하게 치기 위해 공 뒤에 압정을 박는 느낌으로 쳐줍니다.

그러면 공은 백스핀이 걸리지 않고 일직선으로 굴러가게 됩니다.

이때 손목을 사용치 않고 그대로 탁하고 압정을 박아주듯 쳐내 줍니다.

칩샷을 할 때 일관성이나 획일성 같은 사고에서 벗어나는 것도 중요합니다.

벙커에서는 샌드웨지, 그린 주위에서는 피칭웨지라야 하는 법이 없는 것처럼

벙커에서 퍼터로 탈출이 가능하다면 퍼터를 선택합니다.

이처럼 오르막 그린을 노릴 때와 내리막 그린을 노릴 때의 클럽 선택은 역시 달라져야 합니다.

대개 골퍼는 칩샷을 가급적 평탄한 그린 위에 공을 캐리로 떨어뜨리고 싶어 합니다.

때문에 업힐 그린에서는 5,6번 아이언을

다운힐 그린에서는 9, 피칭웨지, 샌드가 좋습니다.

특히 그린 주위에 와서는 고정관념에서 벗어나는 일이 중요합니다.

PW, SW

5, 6, 71

지형의 특성에 따라 클럽을 달리하는 것이 효과적입니다.

141

칩샷에 대해 계속해서 여러 각도로 연구해 봤습니다.

롱아이언 숏아이언 때론 퍼터까지…

이처럼 그린 주위에서 공을 핀에 붙이고자 할 때는 자기 나름의 방식을 가지고 있어야 합니다.

굴리든 띄우든 핀에 붙이는 것이 목적이니까요

그린 주위 꽤 긴 러프에서도 4번으로 퍼피를 이용해 훌륭하게 근접시키는 골퍼를 봤습니다.

나무가 빽빽한 러프에서 드라이버나 퍼터로 탈출하는 골퍼도 있습니다.

각 클럽의 특성과 자기자신의 특성을 잘 결합해서 목표에 도달하는 것을 보면 골프가 역시 다양하고 재미있는 경기라는 것을 느끼곤 합니다.

어느 경기에서 이처럼 많은 개인장비를 갖고 다니겠습니까. 그 모든 것을 훌륭히 소화해내는 골퍼가 진짜 훌륭한 골퍼겠죠.

이렇게 긴 그린을 지나야 하는 칩샷을 할 때가 있습니다.

저는 이럴 때 보통 때와는 좀 다른 칩샷을 합니다.

즉 낮게 많이 굴러가는 볼을 칩니다.

우선 스탠스는 좁게 서고 볼을 오른발 끝에 둡니다.

클럽은 아이언 9번이나 8번을 선택합니다.

목표의 안쪽으로 빼주고 다시 안쪽으로 스윙을 합니다.

즉, 훅샷을 치는 것입니다.

클럽에 정확히 맞지 않더라도 볼은 낮게 떠서 많이 굴러 가므로 긴 그린을 지나야하는 경우에 적합합니다.

아이쿠!
또 뒤땅이다.

20m 안쪽의 짧은
어프로치 칩샷은
뒤땅 아니면
탑핑이니‥

사실 그런 거리의
어프로치 칩샷이
가장 까다롭고
예민하기에
어려운 샷입니다.

공을 퍼올리려
하다가는 더욱
그런 실수를 하게
됩니다.

이런 연습을
해보세요. 임팩트
직전에 오른손을
그립에서
놓아줍니다.

임팩트 직전에 오른손을
그립에서 떼고 왼손으로만
공을 치는 피칭 연습을
시도해 보는 것은 좋은
연습 방법입니다.

클럽의 로프트만으로도
공은 충분히 떠오를
것입니다. 이 연습을
마스터한 후 오른손을
가볍고 유연하게 그립에
올려놓고 칩샷을 계속해
보세요. 왼손 리드의
감을 느끼며 유연한
칩샷이 가능해집니다.

공이 그린 주변의 라이가 썩좋지 못한 곳에 떨어져 퍼터로 핀에 붙이기가 잔디 저항으로 어렵게 느껴질 때 칩샷이나 피칭샷으로 핀에 붙이려고 하게 됩니다.

이럴 때 저는 웨지클럽을 퍼팅그립으로 잡습니다.

그리고 마치 퍼팅스트로크를 하듯 공을 굴려줍니다.

퍼팅은 공이 구르지만 웨지클럽은 뜬다는 차이가 있을 뿐입니다. 퍼팅그립으로 잡고 스탠스를 좁게 서서 한번 시도해 보세요.

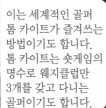

이는 세계적인 골퍼 톰 카이트가 즐겨쓰는 방법이기도 합니다. 톰 카이트는 숏게임의 명수로 웨지클럽만 3개를 갖고 다니는 골퍼이기도 합니다.

어프로치 샷으로 핀에 붙이고자 할때 거리조절이 가장 큰 문제로 대두됩니다.

짧거나 길면 원퍼트로 마무리하기가 어렵기 때문입니다.

이때 대개 떨어뜨릴 곳을 설정하고 거기에 떨어뜨리도록 노력을 합니다.

떨어뜨릴 지점

그러나 어느 정도의 크기로 샷을 해야 원하는 거리에 알맞게 떨어뜨릴지 망설이게 됩니다.

이 거리 연습을 위해 연습그린에서 마음먹은 곳에 공을 떨어뜨려 보는 연습을 해 봅니다.

이때 절대 떨어지는 공을 바라보지 말고 샷을 한 직후 자기 느낌으로 길다든지, 짧다든지, 알맞다든지 결론을 내보기 바랍니다.

이건 길다.

그 결론, 그 느낌대로 거리가 맞아 떨어진다면 실전에서도 거리에 대한 자신감도 붙을 뿐더러 헤드업의 나쁜 습관도 없어지게 됩니다.

146

오늘은 샌드웨지 사용법을 말씀드리겠습니다.

벙커샷을 배우겠구나.

바로 그점이 잘못입니다.

아니? 무슨 잘못?

샌드웨지는 꼭 벙커에서만 사용한다는 고정관념을 버려야 합니다.

세계적인 유명 프로골퍼들은 샌드웨지로 여러가지 페어웨이 어프로치샷을 구사하고 있습니다.

가장 용도가 다양한 샌드웨지를 벙커샷에서만 사용한다는 것은 클럽을 썩혀두고 있는 것과 마찬가지 입니다.

짧은 거리, 즉 숏게임에서의 프로들은 볼의 비행궤도에 대한 제어력이 뛰어남을 알 수 있습니다.

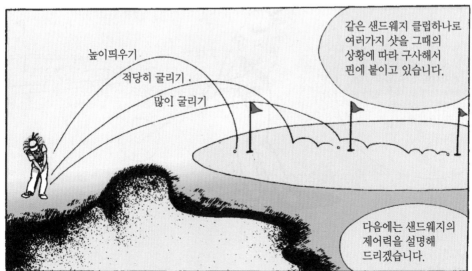

높이띄우기

적당히 굴리기

많이 굴리기

같은 샌드웨지 클럽하나로 여러가지 샷을 그때의 상황에 따라 구사해서 핀에 붙이고 있습니다.

다음에는 샌드웨지의 제어력을 설명해 드리겠습니다.

우선 샌드웨지로
어프로치할 때에
장애물이 없고
그린의 공간이 많을
때 길게 구르게 해서
핀에 붙이는 방법이
있습니다.

이럴 때는 스탠스의
폭을 좁게 잡고 약간
오픈스탠스를 취한
다음

몸무게의
대부분을 왼발에
실어줍니다.

백스윙은
초기단계에서 몸과
양팔, 양손을
일체화된 동작으로
뒤로 이동시켜
주어야 합니다.

이렇게 해주면
백스윙의
최종단계에서
오른쪽 손목 뒤쪽
부분이 정확히
꺾이게 됩니다.

앞으로 스윙을
휘둘러 줄 때는 꺾인
손목의 각도를 그대로
오랫동안 유지하도록
하며 공을 히팅해
줍니다.

마무리 단계때
클럽헤드가 양손높이보다
낮게 해주면 공은 낮게
날아감을 알수 있습니다.
라이가 좋고 나쁜 공에
관계없이 구사할 수 있는
길게 구르게 하는
샷입니다.

148

샌드웨지로 높이 띄워 즉각 멈추는 샷을 하는 것은 앞에 벙커가 있고 그린 공간이 부족할 때 사용하게 됩니다.

약간 어려운 샷입니다만 한번 익혀 놓으면 까다로운 지점에서도 그 효과를 최대한 활용할 수 있습니다.

이 샷의 포인트는 스윙궤도입니다. 그러기 위해 클럽 페이스와 스탠스는 열어줍니다.

체중은 양발에 고루 배분시키고 공은 오른발 가까이에 둡니다.

백스윙은 스탠스의 정렬선을 따라 보내주고

타격구간을 통과할 때는 스윙을 왼쪽, 즉 아웃사이드인의 궤도로 휘둘러 줍니다.

마무리 동작에서는 몸이 표적을 향하도록 해주어야 합니다. 이 때 왼손의 손등이 하늘을 향하게 해주면 클럽의 로프트를 크게 증가시켜주며 떨어진 뒤 공은 즉각 멈추게 됩니다.

그린엣지에서 8번 아이언으로 치핑하는 방법을 말씀드리겠습니다.

우선 오픈스탠스로 서며 폭을 아주 좁게 서줍니다.

공은 오른발 끝쪽이 좋습니다.

퍼팅으로 하기에는 잔디의 저항으로 어려울 때입니다.

그리고 손은 공보다 약간 앞쪽으로 위치하게 어드레스해 줍니다.

이런 자세에서 만들어진 손목이 약간 꺾인 각도를 시종 유지해 주어야 합니다.

그런 다음 오직 어깨의 턴만으로 뒤로 뺐다가 가볍게 공을 채줍니다.

손목이 움직이지 않게 말입니다.

사람에 따라 차이는 있으나 홀컵과의 중간정도에 떨어뜨려주면 좋습니다.

프로들은 이렇게 해서 바로 홀컵안에 홀인시키는 일이 많습니다.

앞서 말한 샌드웨지로 길게 굴리고, 보통으로 굴리고, 높게 띄워 곧장 멈추게 하는 등의 요령을 터득해 두면 꼭 벙커샷 때만 샌드웨지가 필요한 것이 아니란 걸 알 수 있을 것입니다.

그러나 이와 같은 요령을 알고 있으면서도 막상 실전에 사용하기란 여간 망설여지는 것이 아닙니다.

어프로치는 무조건 굴리는 것 하나만 사용하는 사람

또는 무조건 띄우려는 사람

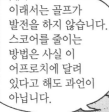

이래서는 골프가 발전을 하지 않습니다. 스코어를 줄이는 방법은 사실 이 어프로치에 달려 있다고 해도 과언이 아닙니다.

이와 같이 여러모로 사용되는 샌드웨지의 활용법을 익히기 위해선 연습장에 커다란 플라스틱 통 같은 것을 준비해서 여러 각도로 세워 놓은 뒤 연습을 하면 실전에 사용할 수 있을 것입니다.

짧은 어프로치 샷에서는 가급적 몸을 적게 쓰고 어깨와 팔로만 치라고 주문을 합니다.

그러나 30m 정도 거리에서 핀에 붙이고자 할때 오히려 몸을 많이 써서 몸으로 던져 주듯한 어프로치 샷도 런이 많이 생기지 않아 좋을 때가 있습니다.

이 샷은 부드럽고 가볍게 해주는 것이 포인트입니다.

가볍게 백스윙할 때 체중을 오른 다리에 걸리게 하고

오른쪽 히프를 목표방향으로 틀어줍니다.

그리고 오른팔은 밑에서 공을 던지듯 엉덩이를 따라 던져줍니다.

오른쪽 엉덩이의 이동으로 공을 실어던지는 듯한 기분입니다.

부드럽게 떠올라 가볍게 떨어지는 공이 됩니다.

크린 주변 에지 바로 끝에 볼이 있는 경우가 자주 생깁니다.

이럴 때 퍼터로 하려니 뒤에 잔디가 높아서 난처해지는 경우가 있는데 웨지나 퍼터, 어느 것을 선택할지 망설여지기도 합니다.

이럴 때 저는 샌드를 사용합니다.

샌드헤드의 날로 볼 가운데를 겨냥합니다.

이렇게 하면 뒤턱이 방해가 되지 않으며 볼을 잘 굴릴 수 있습니다.

요령은 퍼터를 하듯 스트로크를 해줍니다. 이런 방법은 볼이 그린 주변 움푹 파인 곳에 박혀 있을 때도 사용하면 쉽게 핀에 도달시킬 수 있습니다.

그린 주변에는 이처럼 꽤 깊은 러프가 있는 곳이 많습니다.

공이 겨우 보일 정돈데. 어휴~

이럴 때 누구나 탈출이 어려워질 것 같아 강하게 찍어지려고 합니다만

그래서는 안됩니다.

이런 곳일수록 헤드 무게를 살려 부드럽게 쳐줘야 합니다.

볼을 중심에서 조금 왼발쪽에 둡니다.

그리고 리듬을 살려 부드럽고 자연스럽게 헤드를 떨어뜨려 줍니다.

그러기 위해서 그립을 느슨하게 잡아야 합니다.

웨지나 샌드웨지 같은 헤드가 무거운 클럽으로 부드럽게 쳐줍니다. 이런 러프에서는 공과 페이스 사이에 잔디가 끼게 되어 스핀이 걸리지 않아 런이 많다는 것을 염두에 두어야 합니다.

멋지게 어프로치해서 핀에 붙여야지.

툭

와…왜 저리 많이 굴러.

이상해요. 어떨 땐 많이 구르고 어떨 땐 그렇지 않고…

똑같이 쳤는데 많이 구르고 않고의 차이는 왜 나는 걸까요.

똑같은 크기로 똑같이 쳤는데도 공의 구름에 차이가 난다면 그건 그립을 잡는 강도 때문입니다.

대개 그립을 강하게 쥐면 많이 구르는 공이 발생합니다.

덜구르게 하고 싶다면 그립을 느슨하게 잡아보세요.

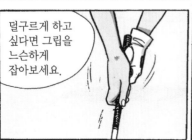

그립을 느슨하게 잡고 천천히 부드럽게 쳐보세요. 공은 좀더 뜨고 덜 구르게 됩니다.

숏게임에서 스코어가 좌우된다는 것을 알게되면 많은 시간을 숏게임 연습에 치중하게 됩니다.

많은 코치들이 이런저런 주문을 하게되는데 왜 그래야 하는가에 대해 원리를 파악하고 연습한다면 발전이 빠를 것입니다.

우선 피치샷은 "깎아 친다" 라는 느낌을 습득하고 연습에 임해야 할 것입니다.

항상 잔디의 윗부분을 깎아치듯 잘라내는 타격을 해야 합니다.

공밑 잔디 뒷부분을 깎아치듯 타격한다면 공을 일관성 있게 치게되며 거리에 대한 제어력을 갖게 될 것입니다.

반면 칩샷은 밀어당기며 때린다는 기분입니다.

칩샷을 잘 하려면 손은 항상 클럽헤드 앞쪽에 위치해야 합니다.

그 상태에서 공을 향해 클럽헤드를 "끌어당겨준다" 는 느낌입니다. 물론 손이 헤드보다 앞에서 당겨주어야 합니다.

이처럼 피치샷은 "깎아친다". 칩샷은 "끌어당겨 때린다"라는 기분으로 샷을 해야 이해가 빠를 것입니다.

백스윙 때 오른손목이 약간 꺾이도록 하며

넓은 그린 저쪽편에 핀이 있고 그린 에지에서 핀에 붙이려고 할때 주로 많이 구르는 칩샷을 하게 됩니다.

긴 그린을 지나야하는 칩샷의 거리감은 좀처럼 파악하기 힘이 듭니다.

힘으로 조절하려면 실패하기 쉽습니다.

긴 그린을 통과해야 할 경우 보통의 칩샷과 조금 다르게 자세를 취합니다.

우선 볼을 스탠스 뒤쪽으로 옮겨 오른발 엄지 발가락에 오게 합니다.

대개 8,9번의 아이언을 택하는데 자연스레 클럽 페이스는 닫히게 됩니다.

목표선 안쪽으로 클럽을 뺀 뒤 다시 안쪽으로부터 스윙을 합니다.

클럽에 정확히 맞지 않더라도 볼은 낮게 떠서 많이 굴러 가므로 긴 그린을 통과하는 경우에는 적합한 샷이 될 것입니다.

그린 에지에 볼이 머물면 파세이브에 대한 불안감이 따르게 됩니다.

그러나 세계적인 프로들의 경기를 보면 온그린이나 마찬가지로 파 또는 버디를 잡아나가는 것을 볼 수가 있습니다.

이 경우 칩샷을 아주 일관되게 처리할 능력만 있다면 두려울게 없습니다.

이 일관된 칩샷을 위해 가능한 로프트가 낮은 아이언을 선택하여 그립부분을 돌려 잡습니다.

이 같은 자세는 타격시 손목이 돌아가는 것을 방지해주며 양손의 흔들림을 막아줍니다.

그리고 클럽을 약하게 쥐고 손이 아닌 양어깨를 사용하여 백스윙을 시도하고 임팩트에 이를 때까지 클럽의 하향속도를 가속하면서 타격을 합니다.

제 3 장

퍼팅

오늘부터는 퍼트에 대해 집중적으로 연구해 보도록 하겠습니다.

아주 초보자일 때는 대개 퍼트는 관심을 두지 않습니다.

오직 페어웨이에서 볼이 지면에서 날아만 주기를 바랍니다.

그러나 조금만 골프에 집중하고 스코어를 생각하게 되면 퍼트의 중요함을 뼈저리게 느끼게 되는 것이죠.

골프는 300야드 드라이버 샷도 1타이고, 10cm퍼트도 1타입니다.

항상 300야드 드라이버 샷을 페어웨이에 날릴 수 있는 장타력과 1m내 숏 퍼트를 반드시 넣을 수 있는 능력 두가지 중 한가지를 선택 하라면 모든 프로선수들은 1m 숏 퍼트를 선택할 것입니다.

드라이버 샷의 미스는 다음 샷때 만회할 기회가 있지만 숏 퍼트를 놓치게되면 그건 그대로 실패로 끝나고 맙니다.

대개 골퍼는 퍼트에서부터 무너지고 퍼트로 인해 컨디션을 찾기도 합니다.

그 만큼 퍼트는 골프에서 가장 많은 타수를 치는 행위이기 때문입니다.

엄청나게 멀군.

으... 짧다.

또 스리퍼트가 나오겠어.

롱 퍼트는 너무 거리를 못잡겠어요. 짧거나, 길거나···

조사장님은 자세가 너무 낮아서 그래요.

롱퍼트의 경우 자세가 낮으면 경사는 알기 쉽지만 거리감이 애매해지죠.

그리고 크고 부드러운 퍼팅을 하기 힘듭니다. 롱퍼트는 평상시 보다 자세를 높게 취합니다.

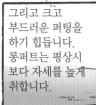

NO

높은 자세를 취하면 볼과 컵까지의 거리를 정확히 감지할 수 있으며 느긋한 스윙으로 거리감도 맞아옵니다.

알았다!

좀 비켜봐요. 홀컵이 안보여요.

이게 무슨 소리야?

높을 수록 판단이 정확하다··· 옳은 말씀이야. 좀 비켜 봐요, 거리 좀 보게 ···

어이쿠!!

이크! 잔디에 막혀 짧다!

좀 세게 친다고 했는 데도 짧아졌어.

그린 밖이지만 라이가 좋으니 퍼트로 안전히 붙여야겠어.

잔디의 저항이 어느 정도인지 계산 하기 어렵지요?

그럴 때는 구르기 좋은 퍼팅을 해야해요.

나는 이런 때는 여느 때의 퍼팅과 다른 방법으로 합니다. 왼손그립을 지점으로하여 흔들이처럼 이 지점을 움직이지않고 치죠.

팔의 위치를 움직이지 않으니까 손목만으로 치는 셈이 되죠. 이렇게 하면 오버스핀이 걸려 잘 굴러가는 볼이 됩니다.

알았다! 바로 시계부랄…앗!

!

탁씨는 숙녀앞에서 그렇게 저속한 표현을…

그저 요놈의 주둥이가 사고라니까…

163

방향이 제멋대로야.

언제나 이렇다니까

내가 마음 먹은 방향으로 쳐지지가 않아요.

퍼팅에도 그립에 문제가 있어요.

조사장님의 그립은 이처럼 타월을 짜는듯한 형태가 돼있습니다.

양손등이 비스듬히 위로 돼 있습니다. 이래서는 페이스가 좌우로 향하기 쉬워집니다.

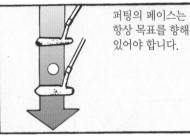

퍼팅의 페이스는 항상 목표를 향해 있어야 합니다.

일반적으로 양손등이 목표를 향하는 그립이 좋다고 합니다.

양손등은 페이스의 방향을 나타내므로 라인을 따라 올렸다 내리면, 페이스의 방향도 목표에 바르게 향하게 됩니다

그러나 나는 오른손은 목표를 똑바로 향하게 하여 잡지만 왼손은 조금 쥐듯 합니다.

이 편이 치고 빠지기 쉽고 팔꿈치의 구부러진 각도가 변함없이 따라와 페이스가 보다 멀리 목표를 향하게 할수 있기 때문입니다.

우…어드레스
뭐하는거야…숨막혀.

저…공의 위치는
어디에 놓으면
좋은가요?

졌다…그렇게
뜸을 들여 놓고.

결론부터
말하면 공의
위치는 치기
쉬운 곳에
두면 됩니다.

퍼팅은
다른 샷과 달리
개인의 필링이
중요합니다.
좌우 어느 쪽에
두든지
들어가기만
하면되죠.

단, 항상 시선
바로 밑에 공을
두라는게
원칙입니다.

공이 시선 바로
밑에 있으면
퍼터헤드를
목표라인에 실어
움직이기 쉬우며
퍼터의 중심으로
공을 히트하기
쉽습니다.

오픈 스탠스의 자세를
취하는 사람, 잔뜩
구부린 자세를 취하는
사람 등 자세는
천차만별입니다.

그러나 어떤
경우라도 공을
시선 바로 밑에
둘 것, 이것이
철칙입니다.

내리막
훅라이
이군…

이같이 휘어지는
라인은 질색인데…

내리막에서는
프로라도 힘들어요.

이럴 땐 먼저 라인을
머릿속에 그리는 것이
중요해요.

애매한
판단은
안되죠.

라인을 기억했으면 그
라인을 따라 스탠스를
취합니다.

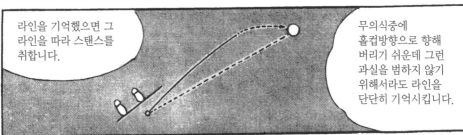

무의식중에
홀컵방향으로 향해
버리기 쉬운데 그런
과실을 범하지 않기
위해서라도 라인을
단단히 기억시킵니다.

라인을 기억시킨 후 그
라인을 따라 선 채 공이
휘어지기 시작한다고
생각되는 지점까지만
도달할 정도의 크기로
스트로크 합니다.

공은 그 지점에 닿을
여력으로 컵에 도달하는
셈입니다. 내리막
퍼트에서도 공의 중심을
히트하지 않으면 방향이나
마음먹은 대로의 거리를
얻을 수 없습니다.

휘기 시작하는 이
지점에 도달할
힘으로 히트한다.

10m 이상되는 퍼트가 남았어요.

꽤 커브가 졌네요.

이렇게 긴 커브라인에서의 퍼트는 좀처럼 기브거리에 닿기 힘들어요.

거리와 라인을 맞춰야 하니 힘들지요.

거리는 제대로 맞췄다고 생각하는데.

저런 바로 앞에서 휘어져 버렸네.

거리를 맞추려고 하면 이 모양이 돼버려요.

훅라인이나 슬라이스 라인의 긴 퍼트를 OK거리에 붙이는 비결을 가르쳐 드리죠.

그것은 자신이 본 라인보다 더 넉넉히 퍼트하는 것입니다.

예를 들면 10m이상되는 훅라인을 30cm오른쪽으로 치면 되겠다고 판단하면

더 넉넉히 40cm오른쪽으로 거리를 맞춰 칩니다.

커브라인은 힘조절로 커브방향이 바뀝니다.

거리를 맞추는 타법에서는 그만큼 예상 보다 휜다고 보아야 합니다. 그 만큼 넉넉히 치는 것이죠.

YES

NO

이건 꼭
넣어야 하는데

탁

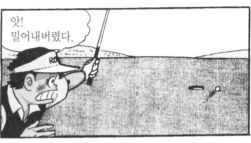

앗!
밀어내버렸다.

머리가
움직였어요.

그래요?

머리를 움직이면
몸도 움직이지요.
그렇게 되면 손이
아닌 몸으로 치게
되는 꼴이에요.

아이구!
조금이지만
움직였어요.

모자의 챙에 바늘을 매달아
놓았다고 가정해 보세요. 쳐도
이 바늘이 움직이지 않는다는
느낌을 가져야 합니다.

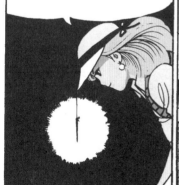

손을 고정시키고
어깨로 친다고
해도, 또한 손으로
친다고 해도
머리는
부동이어야
합니다.

퍼터 헤드의
중심으로 공의
중심을
히트하려면 다
칠 때까지
머리를 움직이지
않는 것이
절대조건
입니다.

목에
깁스를
할까보다
씨…

어이쿠… 또 안 들어갔다.

겨우 1미터인데 후…열받아.

난 이런 쇼트퍼트가 질색이라니까.

이것 때문에 스코어가 엉망이 된단 말야.

조사장님은 쇼트퍼트에서 라인에만 신경쓰고 계셔서 못치는거예요.

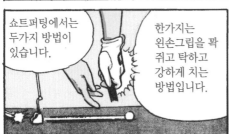

쇼트퍼팅에서는 두가지 방법이 있습니다.

한가지는 왼손그립을 꽉 쥐고 탁하고 강하게 치는 방법입니다.

쇼트퍼트를 놓치는 것은 결코 정확히 치지 못했기 때문입니다.

먼저 "친다"는 사실을 염두에 두십시요.

두번째는 그립전체를 부드럽게 잡아 라인대로 헤드를 내미는 방법입니다.

소프트로 잡으면 어깨의 힘도 빠져 헤드도 움직이기 쉬워집니다.

이 두 방법은 모순된 거 같으나 실패하는 때에도 '쇼트한다' '라인을 놓친다' 두가지 길이 있는 셈이니까요.

중요한 것은 자신의 실패를 염두에 두어 어느쪽을 택할지 시험해 보는 겁니다.

저는 경사진 라인은 질색인데요.

우선 어느 정도의 경사인지 확인하는 것이 중요합니다.

먼저 친 사람의 구질을 보고 참고하는 것은 물론이지만

그것보다 그린의 속도를 파악하는 것이 중요합니다. 빠를수록 많이 휘고 늦을수록 적게휩니다.

휘는 정도를 읽었으면 다음은 치는 방법입니다.

거리가 1~2미터로 짧은 경우 컵에 눈이 가기 쉬운데

라인을 결정 했으면 컵은 보지 않습니다.

봐야 할 곳은 겨눈 방향입니다.

퍼터 페이스는 라인에 맞춰도 몸은 컵쪽을 향하고 있는 수가 많습니다.

의식이 컵을 향하고 있으니까 그렇게 되는 겁니다. 그래서는 겨눈 방향으로 치지 못합니다.

페이스도 몸이 방향도 겨눈 곳을 향해야 합니다.

저쪽으로 치면 반드시 휘어 들어간다고 자신에게 타이르고 그 방향으로 섭니다.

다음에는 거리를 맞춰 겨눈 방향대로 쳐냅니다.

경사진 라인은 컵을 의식하지 않을 것. 이것을 염두에 두십시오.

어머! 너무 벗어났어.

여기서는 빠르게 흐르네요.

그린 잔디가 그 쪽으로 누워서 그래요.

잔디가 누워요?

자세히 보면 잔디가 누운 방향이 있어요.

잔디의 색깔이 진하게 보이면 홀컵 반대방향으로 누워있고 연하게 보이면 홀컵방향으로 누워있다고 들었는데.

예. 그러나 쉬운 방법도 있습니다.

그린에 스파이크 흔적이 있습니다.

이 스파이크 자국이 뚜렷하게 보이는 쪽이 홀컵 반대방향으로 누워있습니다.

또 잘보이지 않는 쪽이 홀컵 방향으로 잔디가 누워있습니다.

잔디의 누워있는 방향에 따라 공의 구름이 꽤 다릅니다. 이것을 파악하는 것도 3퍼트를 없애주는 방법입니다.

곧은 라인이 제일 어렵다고 하던데요.

아닙니다. 제일 쉬운 라인일텐데요.

그 만큼 헤드를 똑바로 내미는 건 어렵긴 하지요.

하지만 똑바로 칠 수 있으면 경사진 라인은 응용해 칠 뿐이지요.

똑바로 친다는 건 목표에 대해 헤드를 똑바로 끌어당겼다가 똑바로 내는 겁니까?

그렇죠.

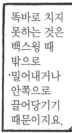

똑바로 치지 못하는 것은 백스윙 때 밖으로 밀어내거나 안쪽으로 끌어당기기 때문이지요.

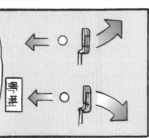

목표

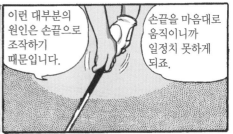

이런 대부분의 원인은 손끝으로 조작하기 때문입니다.

손끝을 마음대로 움직이니까 일정치 못하게 되죠.

손끝은 고정해 놓고 양 팔꿈치로 스윙해 봅니다

이렇게 하면 진동자운동처럼 헤드를 똑바로 올리거나 내리기 쉬워집니다.

손목은 사용치 않는다.

이런 퍼팅의 포인트는 그립에 너무 힘을 넣지 않아야 합니다.

힘을 넣고 잡으면 손끝을 사용하고 싶어져 헤드의 스무드한 진동자운동에 방해가 됩니다.

알았다.

7m되는
퍼트군요.

거의
스트레이트군.

어이구…
엉뚱한 데로
가네.

방향이 왜
이 모양
이죠?

탁형의 그립에
대해 연구해
봅시다.

왼손을 위에서 덮어씌우고
오른손도 약간 위에서부터
휘두르고 있습니다.

그렇게 타월을
짜는 형태가
되어선
안됩니다.

위에서 덮어씌워
휘두르면
클럽헤드가 똑바로
나갑니다.

아웃 사이드에서
커트타법이 되기
쉬우며 그걸
주의하려하면
반대로 밀어내기
쉬워집니다.

퍼팅은 몸의
방향과 평행으로
옆으로 똑바로
냅니다.

때문에 옆으로
똑바로 내기 쉬운
그립을 해야
합니다.

퍼팅 그립은
옆에서 꼭
대듯이
잡습니다.

먼저 오른손의
엄지손가락을
샤프트를 따라
똑바로 뻗으며

왼손도 똑같이
샤프트를 따라
똑같이 뻗으며

이때 절대로
위에서 덮어
씌우듯이 해서는
안됩니다.

약간 양손을 열고 잡은 것
같은 모양이 됩니다.
이렇게 하면 좌우의
손등이 목표에 똑바로
향합니다.

이런 방법은 클럽을
늘어뜨리는 듯한
모양이 되어 헤드를
똑바로 옆으로 보내기
쉬워집니다.

그래서 퍼터의 그립은
정면이 넓습니다.
엄지손가락을 놓기
쉽게 고안된 것이지요.

단면도

퍼팅의 거리는 어떻게 조절합니까?

기본적으로 백스윙의 크기죠.

그린의 속도, 오르막, 내리막 치는 강약이 다른데.

가능한 그날 그린 상태를 빨리 읽는 것이 중요하죠.

다음에는 팔꿈치의 움직임으로 휘두릅니다.

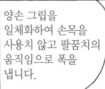

양손 그립을 일체화하여 손목을 사용치 않고 팔꿈치의 움직임으로 폭을 냅니다.

마치 시계의 추와 같이…

또한 왼손은 배에서 노에 비유되고 오른손은 엔진에 해당됩니다.

왼손그립은 새끼손가락 약지, 중지로 꽉 잡고 팔꿈치를 드리우듯이 쥡니다.

오른손은 제 경우 엄지와 검지로 잡고 있습니다.

두손가락의 감만으로 치는 것이죠.

그리고 백스윙때는 왼손에 힘을, 히트 할 땐 오른손에 힘을 넣습니다.

그렇다고 해서 왼손으로 치는 것은 아닙니다. 어디까지나 양손은 일체화시켜야 합니다.

양손은 고정시키고 팔꿈치의 힘으로 칩니다.

양손이 고정되어있기 때문에 퍼터 페이스는 변함이 없습니다.

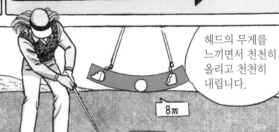

퍼터스윙의 크기로 거리를 낸다고 했는데 팔로우도 백스윙과 같은 크기로 냅니다. 공을 중심으로 백스윙과 팔로우에서 하나의 흔드는 폭의 크기로 거리를 조절합니다.

8m

10m

헤드의 무게를 느끼면서 천천히 올리고 천천히 내립니다.

조사장님은 20m 정도되는 롱퍼팅이로군요.

약하고 방향도 엉뚱하다.

1m 이내로 붙이면 대만족인데.

이런 롱퍼트는 거리 맞추기가 힘들어요.

방금처럼 쳐서는 거리도 방향도 맞추기 힘들어요.

헤드를 똑바로 내리고 샤프트를 세로로 사용하고 있어요.

롱퍼트는 크게 휘둘러야하는데 그래선 안됩니다.

게다가 공을 미는 듯한 느낌으로 치는데 그래선 잘 구르지 않아 짧아지게 됩니다.

계속 강조하지만 턱을 중심으로 시계추처럼 스윙을 해야합니다.

그래야 오버스핀이 걸려 크게 치지 않아도 잘 굴러가게 되는 것이죠. 여기에 주의할 점은 퍼터의 페이스가 항상 목표를 향하도록 스윙하는 것입니다.

그러기 위해서는 가능한한 공가까이에 서서 높은 자세로 헤드가 목표라인 위를 벗어나지 않도록 휘두릅니다. 손목을 사용치 않고 양쪽팔꿈치로 스윙하는 것이 퍼팅의 포인트입니다.

박여사께선 8m 정도되는 퍼팅이군요.

슬라이스라인이에요.

휘어지는 라인은 질색인데 어느 정도 봐야할지 모르겠어요.

톡

어머! 너무 휘어버렸네. 스리퍼터가 나오겠는데.

라인을 잘못 읽었어요. 휘는 라인에 치는 법을 소개해 드리죠.

슬라이스 라인의 경우는 라인에 공을 태워주는 방법으로 칩니다.

거리만을 생각해 컵에 정확히 도달할 힘만으로 라인에 실어 주는 겁니다.

따라서 공의 구름은 약하게 휘어지기 쉬워집니다. 예상한 라인보다 더 크게 휠 것을 염두에 둬야 합니다.

예상라인

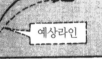

반대로 훅라인은 생각보다 무거우므로 확실하게 칩니다. 때문에 공에 힘이 있어 생각만큼 휘어지지 않으므로 예상라인 안쪽으로 칩니다.

예상라인

어느 쪽이든 컵의 위쪽으로 쳐가는 것은 필수조건 입니다. 컵의 밑을 지나는 것은 절대 들어가지 않습니다.

NO

그러므로 휘어지는 라인은 약간 오버되게 정하여 절대 컵의 밑을 지나지 않도록 칩니다. 거리가 길면 길수록 예상보다 더 휜다고 생각해도 좋습니다.

자! 탁형은 2m 버디 찬스군요.

조금전 박여사께서 친 것과 반대라인 이군요.

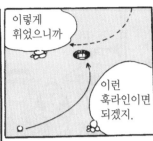

이렇게 휘었으니까

이런 훅라인이면 되겠지.

톡

와! 그렇게 휘지 않는데

이상한데 박여사님의 휘어진 라인대로 잘 읽고 퍼팅했는데

그럴 수 밖에요. 박여사의 경우는 8m거리였어요.

그만큼 휜 것은 컵 앞쪽에 와서 공의 힘이 없어졌기 때문입니다.

즉, 죽은 공이라서 그만큼 휜 것입니다. 한편 탁형의 경우는 2m입니다. 짧은 거리라서 컵앞에 와서도 공은 살아있기 때문에 계속 구르는거죠.

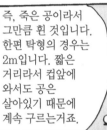

때문에 그렇게 휘지 않는 것이죠.

앞에 친 사람의 휘어진 정도를 참고로 하는 것은 좋지만 공의 힘을 고려할 필요가 있습니다.

예를 들어 롱퍼트를 놓친 경우 되돌리는 퍼트를 마찬가지로 휜다고 읽어 놓치는 경우가 많습니다. 거리가 짧으면 짧을수록 덜 휜다는 것을 명심해야 합니다.

드디어 퍼팅이에요.

이곳 그린은 높낮이가 심하군요.

잠깐 이곳에서 그린 전체의 모양을 보세요.

그린위에서는 알 수 없는 높낮이가 잘 보입니다. 이곳에서부터 미리 자기의 퍼팅라인을 읽을 필요가 있어요.

오른쪽에 1개 왼쪽에 2개의 산이 있는 것을 알수 있습니다.

퍼팅은 이 골에 의해 라인이 좌우됩니다.

이런 경우 먼곳에서 보지 않으면 알기 힘듭니다.

과연 다음 퍼트는 내리막 훅라인이군.

나는 그린에 온시키는 것 외엔 아무 생각도 못했어요

그래요. 퍼팅은 그린위에 올라 가서 생각하면 될줄 알았어요.

다른 사람이 붙일때 라이를 참고할 수도 있어요.

그린의 속도, 휘는 법은 단순히 보는 것 뿐아니라 공이 굴러감에 따라 보다 많은 확실한 데이터를 얻을 수 있습니다.

이렇게 함으로써 다음 퍼팅에서 미스를 막을 수 있습니다.

그린위에 올라가기 전에 이미 퍼팅은 시작되고 있는 셈이군요.

180

당연히 들어갈 1미터도 못되는 쇼트퍼트를 놓치면 쇼크지.

컵 주위에는 많은 사람들이 밟아서 낮게 가라 앉아 있어요.

때문에 애매한 스트로크는 좌우로 빗나갈 수 있으니까 정확하게 쳐야만 해요.

퍼터의 중앙으로 공의 한가운데를 정확하게 칩니다.

다음은 치는 방법입니다.

평소보다 약간 낮은 자세로 안정감이 있게 합니다.

그렇다고 '일부러 허리를 굽힐 필요는 없습니다.

거리가 짧기 때문에 자연히 자세를 작게 취하게 됩니다.

그립도 짧게 잡습니다.

짧게 잡으면 그만큼 스트로크의 빗나감이 적습니다.

꼭 넣어야겠다는 생각 때문에 칠 때 컵쪽으로 몸이 움직여버려 친다기보다는 공을 쫓아가는 형태가 되는 사람이 있는데 이래서는 안됩니다.

짧은 거리이므로 몸도 어깨도 움직일 필요는 없습니다. 팔꿈치의 움직임만으로 정확하게 칩니다.

이거 참…

왜 그러죠?

마크를 하고 퍼팅을 하기위해 공을 좀 닦고 싶은데 볼의 반은 그린 위거든요.

이런 경우 온그린인지 어떤 지가 애매해서.

어디…

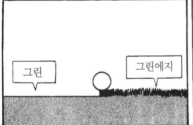

그린

그린에지

이건 아직 그린위에 올라가 있는 것이 아닙니다.

따라서 볼을 주워 들 수 없지요.

온그린 된 볼이라는 것은 볼의 일부가 그린에 닿아있지 않으면 안되는 것입니다.

박여사님의 볼은 그린 틱 에지에 있어서 말하자면 떠 있는 상태입니다.

아무튼 온이라고 생각하고 퍼팅을 해야지.

183

컵까지 3미터로 라이는 직선이군요.

이런게 들어가면 후련하겠는데…

아… 역시 빗나갔어.

왜 똑바로 쳐지지 않는걸까?

백스윙이 똑바로 끌어 당겨지지 않아요.

안쪽으로 당기거나 바깥쪽으로 당겨집니다.

공을 똑바로 치려면 퍼터헤드가 라인위로 똑바로 왕복해야만 합니다.

목표

똑바로 뒤로 당기지 않으면 앞으로 똑바로 나가지 않습니다.

헤드를 똑바로 끌어당기기 위해 이런 연습을 해보세요.

왼발 조금 뒤쪽에 꽂아 놓는다.

목표와 공을 연결하는 후방선상에 티백을 꽂아 놓습니다.

이 티백을 향해 똑바로 퍼터를 끌어갑니다.

이렇게 하면 백스윙을 똑바로 끌어당길 수 있습니다. 또한 자신이 항상 안쪽으로 끌어 당기는 버릇이 있는지 밖으로 당기는 버릇이 있는지 알 수 있습니다.

184

공이 똑바로 굴러가지 않는 것은 임팩트에서 페이스가 목표에 똑바로 향하고 있지 않기 때문입니다.

이것은 그립의 휘두름이 느슨한 경우와

스트로크가 정확하지 않은데 원인이 있습니다.

어떤 샷의 경우에서나 마찬가지로 그립은 단단히 잡습니다.

특히 방향성을 보전하는 왼손 그립은 다 칠 때까지 그립을 잡는 힘이 변하지 않습니다.

왼손 그립이 느슨하면 오른손 힘에 져서 페이스의 방향이 바뀝니다.

공을 치는 건 오른손이지만 왼손그립이 단단히 쥐어져 있으면 페이스의 방향은 변하지 않습니다.

때문에 안심하고 오른손으로 쳐갈 수 있습니다.

또한 공을 정확히 쳐 주지 않으면 생각한 대로 굴러가 주지 않습니다. 흐르는 것 같은 임팩트가 되거나

헤드를 맞히기만 하는 임팩트는 바른 스트로크라고 할 수 없습니다.

퍼터의 중심으로 공의 중심을 정확하게 잡습니다.

임팩트에서 공을 잘 보고있으면 정확하게 칠 수 있습니다.

목표와 공을 연결하는 연장선상에서 퍼터헤드가 벗어나지 않으면 공은 똑바로 굴러갑니다.

이번에는 팔로우를 연구해 보도록 하죠.

팔로우는 당연히 목표선상을 벗어나서는 안됩니다.

목표를 향해 쳐갑니다

목표

손목을 쓰거나 손끝으로 팔로우를 내려고하면 이 선상에서 벗어나 버립니다.

NO

손목을 쓰지않고 굽힌 팔꿈치로 스윙합니다.

양팔꿈치를 움직임으로써 올바른 진동자 운동이 되며 퍼터 헤드도 목표선상에서 벗어나는 일없이 팔로우를 취할 수 있습니다.

이 경우에서도 포인트는 왼손입니다.

왼손 그립을 단단히 잡고 왼팔꿈치로 퍼터를 늘어뜨리듯이 하여 스윙합니다.

똑바로 끌어당겨 똑바로 미는 것은 쉬운것 같아도 무척 어렵습니다.

기술적으로는 지금까지 얘기한 대로 지만 역시 급하게 치지 않는 것이나 집중력 등 정신적인 면도 성공으로 이끄는 중요한 포인트입니다

퍼팅에서 가장 중요한 것은 뭡니까?

어드레스라든가 그립, 치는 방법 등 여러가지가 있습니다. 그러나…

가장 중요한것은…

…

?

?

홀컵에 들어가는 겁니다.

졌다.

이건 농담이 아니라 퍼트를 치는 법에 형식은 없으며 들어가는 것이면 어떻게 쳐도 좋다는 겁니다.

단 한가지 이것만은 지켜야 한다고 봅니다.

퍼트의 중심으로 공의 중앙을 치는 겁니다.

그것만은 꼭 지켜야 합니다.

퍼트의 중심으로 공 중앙을 치지 않으면 우선 머릿속에 있는 거리감이 공에 전달되지 않습니다.

물론 방향도 제멋대로가 될 것입니다.

그러나 그건 알면서도 매우 어려운 점입니다.

연습그린에서는 컵에 넣는 것보다 퍼터의 중심으로 공의 중앙을 치고 있는 지를 확인하면서 쳐보세요.

이것이 퍼트가 잘되는 길입니다.

만세…
나이스온….

핀에서 좀 멀지만
투퍼트면 보기를
잡겠어.

잠깐 막연히 그린에
올라갈 것이 아니라 이곳
그린을 잘 관찰하세요.

이번홀은 그린에
올라서서는 그린을 잘 알
수 없는 언듀레이션임을
알 수 있습니다.

스리퍼트를
막으려면 그린
주의를
기울여야
합니다.

먼저 그린의
높은 곳을
찾습니다.

그곳에서
경사면의 흐름
이 시작되기
때문입니다.

이런 관찰 후
그린에 올라가서
전체의 흐름을
파악합니다.

그런 다음
공에서 컵까지
의 거리를
계산하여 퍼팅에
들어갑니다.

또한 다른 사람이
붙이는 공의 구름을
잘 관찰하면 경사의
정도를 알 수
있습니다.

스리퍼트는
기술적인 것
보다도 치기
전의 부주의에서
일어나는 수가
많습니다.

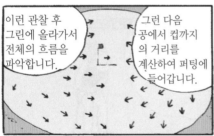

롱퍼트의 거리를 맞추려면 어떻게 해야 되나요?

먼저 퍼터의 중앙으로 공 한가운데를 정확하게 맞출 것

정확하게 쳐야만 머리에 있는 거리감이 정확하게 공에 전달됩니다.

연습그린에서는 컵에 넣는 것보다 정확하게 맞추는 연습을 몇번이고 합니다.

프로라도 시합전에는 이러한 연습을 하고 있습니다.

다음에는 자기가 가장 휘두르기 쉬운 폼으로 쳐봅니다.

약 10m정도 굴린다고 하면 휘두르는 폭과 거리를 기억해 둡니다.

휘두르는 폭과 거리가 게임에서의 기준이 됩니다.

12m라면 그보다 조금 세게, 8m라면 그보다 조금 약하게 치는 것이죠.

지형과 잔디의 누운 각도에 따라 굴러가는 것은 다르지만

가장 휘두르기 쉬운 일정한 폼

그것을 기준으로 하는 휘두르는 폭이 있으면 크기를 가감하여 칠 수 있습니다.

그러기 위해서는 본게임에서는 플레이에 지장을 주지 않는 한 컵과 공사이를 걸어 몇m정도 되나 알 필요가 있습니다.

컵까지의 거리를 정확하게 파악할 것, 기준이 되는 휘두르는 폭을 가지고 있을 것, 이것이 롱퍼트의 빅 포인트입니다.

189

아… 짧다.

조사장님은 너무 옹크 립니다.

롱퍼트는 편안히 높게 서서 쳐야만 거리가 맞습니다.

숏퍼트는 방향성이 중요하므로 몸의 흔들림을 적게 하기위해 작은 자세를 취해도 되지만

롱퍼트는 거리감이 중요합니다.

옹크린 자세로는 거리가 정확하게 보이지 않습니다.

될 수 있는 대로 서서 시야를 넓게 합니다.

높이 선 편이 거리뿐 아니라 방향도 확실히 할 수 있습니다.

또한 팔로우는 길게 합니다. 백스윙의 크기 정도는 헤드를 냅니다.

목표에 공을 보내듯이 헤드를 내주면 거리도 맞게 됩니다.

롱퍼트에서 휘는 라인일 때 컵에 붙일 수 있는 비결은 없는지요.

휘는 라인이라도 오르막 내리막에 따라 좀 다릅니다.

그러나 그 전에 어느 정도 휘는지를 정확하게 이미지 하는 일이 중요합니다.

공이 굴러가는 라인을 머리에 그리는 거죠.

가상라인이 없으면 이야기가 되지 않습니다.

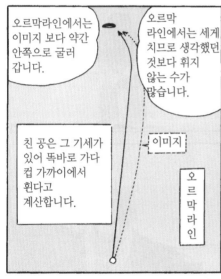

오르막라인에서는 이미지 보다 약간 안쪽으로 굴러 갑니다.

오르막 라인에서는 세게 치므로 생각했던 것보다 휘지 않는 수가 많습니다.

친 공은 그 기세가 있어 똑바로 가다 컵 가까이에서 휜다고 계산합니다.

이미지

오르막라인

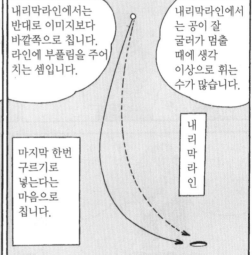

내리막라인에서는 반대로 이미지보다 바깥쪽으로 칩니다. 라인에 부풀림을 주어 치는 셈입니다.

내리막라인에서는 공이 잘 굴러가 멈출 때에 생각 이상으로 휘는 수가 많습니다.

마지막 한번 구르기로 넣는다는 마음으로 칩니다.

내리막라인

뭐니뭐니 해도 롱퍼트는 거리감이 중요합니다.

거리감을 기르려면 똑같이 치는법, 다시 말해 크게 칠 때와 작게 칠 때나 같은 스윙을 해야만 합니다.

191

1m숏퍼트가 남았어요.

이런 거리가 딱 질색인데.

아이구… 또 실패다. 끊는다 끊어

정확하게 치질 못했어요.

두려움 때문에 손이 움직이지 않았어요. 과감하게 쳐야합니다.

또한 숏퍼트를 놓치는 사람에게서 많이 볼 수 있는 것이 헤드 업입니다.

결과를 빨리 보려고 머리를 들어 버립니다.

숏퍼트는 정신적인 요인이 많이 작용합니다.

치는 것 보다 넣는다는 생각이 앞서기 때문에 제 스윙으로 퍼트를 하지 못합니다.

컵에 들어가는 소리는 왼귀로 듣는다는 말이 있습니다. 이것도 머리를 들지 않는다는 교훈입니다.

머리를 빨리 들지않는다면 정확하게 칠 수 있습니다.

롱퍼트일 때는 팔로우를 크게 내라고 했지만 숏퍼트일 때는 팔로우를 별로 생각지 않는 편이 좋습니다.

숏퍼트를 놓치는 원인은 정확히 치지 않는데 있습니다.

숏퍼트일 때는 임팩트를 정확하게 하는 것을 먼저 생각합니다.

팔로우를 염두에 두면 임팩트가 빗나가 버립니다.

거리가 짧으니까 팔로우를 크게 할 필요가 없습니다.

팔로우를 크게 하려고 하면 왼쪽 겨드랑이가 열려져 버립니다.

왼쪽 겨드랑이가 열리면 페이스의 방향이 변하기 쉬워집니다.

왼쪽 겨드랑이는 조여 왼쪽 팔꿈치를 지점으로해서 칩니다.

이렇게 하면 팔로우가 별로나지 않으며 페이스의 방향은 변하지 않습니다

임팩트에서 왼쪽 팔꿈치가 움직이면 안됩니다.

왼쪽 팔꿈치를 고정시켜 놓고 오른손으로 밀듯이 임팩트 하면 페이스와 방향이 변하지 않아 방향성이 안정됩니다.

숏퍼트는 임팩트를 중요시한 스윙을 합니다.

그렇다고 전혀 팔로우를 쓰지 않는 것은 아닙니다. 임팩트 이후의 불필요한 팔로우가 필요 없다는 것입니다.

숏퍼트가 능숙한 사람은 몸이 움직이지 않습니다.

뒤에서 보고 있으면 언제 쳤는지 알 수 없을 정도 입니다.

바꿔 말하면 숏퍼트가 서툰 사람은 몸이 움직입니다.

몸으로 치러가는 느낌입니다.

몸을 움직이지 않는 한가지 포인트는 왼쪽 어깨입니다.

왼쪽어깨가 움직이지 않으면 몸이 움직이지 않습니다.

백스윙, 임팩트, 왼쪽어깨의 위치를 움직이지 않게 합니다.

이곳을 움직이지 않으면 페이스의 방향이 변하지 않아 정확하게 칠 수 있습니다.

왼쪽어깨가 움직여서는 왼쪽 팔꿈치도 고정되지 않습니다.

숏퍼트는 거리보다 방향성이 중요합니다. 방향성은 페이스의 방향에 좌우됩니다.

어드레스 때의 페이스 방향을 스윙중에 변하지 않게 하려면 어딘가에 지점을 만들어야 합니다. 그것이 왼쪽어깨 왼쪽 팔꿈치 입니다.

숏퍼트에서는 왼쪽어깨 왼쪽팔꿈치를 축으로 고정시켜 치라고 했습니다.

그리고 절대 몸을 움직이지 않고 눈으로 볼을 쫓아가서도 안됩니다.

그리고 한가지 중요한건

정신력 입니다.

꼭 넣는다는 신념입니다.

자신감 입니다.

이 자신감을 바탕으로 해서 과감히 칠 필요가 있습니다.

웬만큼 휘어진 라이쯤은 염두에 두지 않고 곧바로 세다고 느낄 만큼 과감히 치는 것입니다.

홀컵 주위는 많은 사람이 거쳐간 곳이므로 작은 요철이 생기게 마련입니다.

약간 세게 과감히 쳐야 그런 곳의 영향을 받지 않고 들어 갑니다.

소심하게 약하게 치다보면 의외의 라이를 타서 실패하는 경향이 많습니다.

그래서 숏퍼트는 '독일병정처럼 씩씩하고 과감하게' 라는 말이 있습니다.

다시 반복되는 얘기입니다만 퍼트에서 중요한 것은 정확한 임팩트에 정확한 팔로우를 내는 것이 중요합니다.

앞서 말씀드린 모든 것은 정확한 임펙트와 정확한 팔로우를 하기 위한 수단입니다.

그것을 스윙중에 확인하는 길은 퍼팅페이스의 방향을 보는 것 입니다.

페이스는 백스윙에서건 팔로우에서건 홀컵을 향해야 합니다.

퍼팅전에 빈스윙을 해봐서 페이스가 똑바로 추처럼 왕복운동이 된다면 퍼팅에 들어갑니다.

특히 롱퍼트일때 퍼트한 공이 제대로 가고 있는지 눈은 공을 쫓아가려합니다만

저는 공을 보지 않습니다. 팔로우된 클럽페이스가 똑바로 내쳤는지 클럽페이스를 보는 것이 차라리 좋은 방법입니다.

이미 떠나간 볼엔 미련을 두지 않을 때 좋은 퍼팅이 나옵니다.

그린 온 되지는 않았지만 이곳에서는 퍼팅이군요.

러프에 먹혀 잘 구르지 않네 짧았어요.

그린 밖에서 퍼터로 붙일 경우 가장 문제는 자기앞의 잔디가 어느 정도 공의 힘을 약하게 만드는 가이죠.

잔디의 상태를 잘 관찰해야 합니다. 잔디의 누운 방향을…

잔디가 목표와 반대로 누웠을 때는 저항이 심하니 보통 때보다 5할 정도 세게 칠 필요가 있습니다.

핀까지 10m 라면 15m정도의 퍼팅감으로 칩니다.

그리고 이럴 땐 저는 손목을 쓰는 퍼팅을 합니다.

테이크백에서도 약간 손목을 사용하여 올립니다.

그리고 다운스윙 이후 임팩트에서 손을 멈추고 손목만으로 공을 히트합니다. 이렇게 하면 공에 오버스핀이 걸려 잔디의 저항에 지지 않게 됩니다.

이런 방법이라면 크게 휘두르지 않아도 잘 굴러가 쇼트할 염려는 없습니다. 한번 시험해 보십시오.

핀까지 10m면 후방인데 어느 정도 런을 시켜야 할까?

저같으면 잔디상태도 곱고하니까 퍼팅으로 하겠어요.

퍼팅?!!

최상의 피칭이 최악의 퍼팅보다 못하다는 얘긴 자주했지요.

하지만 에지에서 퍼팅으로 달려들면 왠지 비기너같이 생각되어서…

골프에서 그런 허세가 비기너란 보증수표예요.

세계적인 프로선수도 라이만 좋으면 벙커에서도 퍼팅을 잡는 경우도 있습니다.

이런 경우 핀까지 10m라면 15m의 거리감으로 퍼팅을 합니다.

같은 퍼팅이라도 에지의 저항을 감안해서 테이크백에서도 약간 손목을 사용합니다.

그리고 다운스윙후 임팩트에서 손을 멈추고 손목만으로 공을 히트합니다. 이렇게 하면 공에 오버스핀이 걸려 잔디의 저항을 이겨냅니다.

크게 휘두르지 않아도 잘 굴러가서 염려는 없습니다.

스리온 2m 숏 퍼팅이다. 꼭 넣어야 파를 잡을 수 있어.

가만있자… 뒤에 가서 라이 좀 보고 와야겠다.

응…

경사도가 어떻게 되지?

탁형? 무슨 뜸을 그리 들여! 시간 다잡아 먹을거야.

걸음은 빨리 플레이는 천천히 하란 애기 못 들었어요.

고단자일수록 퍼팅은 신중해야 하는거라고요.

저봐, 뒤팀이 뭐라 하겠어.

신경쓰이네

왁! 실패다.

그래요. 퍼팅은 신중해야 합니다. 그러나 아마추어가 무한정 시간을 끈다는 건 오히려 리듬만 끊길 뿐입니다.

반대편 라이도 봐야겠다면 미리 가서 살피고 자기차례 때 퍼팅에 들어가야겠죠.

숏 퍼트 놓치고 책망듣고… 죽을 맛이군.

우와 15m 넘는 롱 퍼팅인데 붙일 수 있을까?

툭

우와~ 무슨 엉뚱한 방향이냐.

아마추어한테서 흔히 나오는 롱 퍼트때 슬라이스 입니다.

퍼팅에도 슬라이스가 있나요?

퍼팅 때 더 민감하게 훅과 슬라이스가 작용합니다.

조사장님은 퍼팅순간 홀컵쪽으로 헤드업 했기 때문에 열려 맞아서 슬라이스가 나옵니다.

목표방향으로 스탠스를 서고 빈스윙으로 방향이 잡혔으면

홀컵쪽에 신경을 끊고 스트로크에만 집착합니다. 치는 순간 홀컵을 의식하면 공은 엉뚱한 곳으로 흐르게 됩니다.

퍼팅은 그만큼 예민하고 작은 흔들림에도 민감하게 작용하기 때문이죠.

2m 정도 숏 퍼트 거리인데 라이가 많다.

이런 짧은 거리의 라이는 무시하라고 했는데…

그래요… 그러나 경사가 꽤 있으면 무시할 수가 없죠.

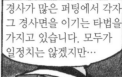

경사가 많은 퍼팅에서 각자 그 경사면을 이기는 타법을 가지고 있습니다. 모두가 일정치는 않겠지만…

경사의 각도를 그대로 읽고서 그대로 때려주는 경우도 있지만

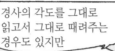

제 경우 슬라이스 라이에서는 훅볼을… 훅라이에선 슬라이스볼을 칩니다.

그렇게 되면 라이를 무시하거나 아주 조금만 보게 되니까 성공률이 높아집니다.

일종에 경사면을 거슬러가게 하란 뜻이군요.

그럼 어떻게 훅볼과 슬라이스볼을 치는거죠?

퍼터의 면을 덮거나 밀어서 조정할 수가 있습니다만

슬라이스 / 훅

퍼터의 안쪽으로 공을 치면 훅, 바깥쪽으로 치면 슬라이스 공이 나옵니다.

때문에 훅라이 같으면 슬라이스 공이 나오는 퍼터 바깥쪽으로 쳐줍니다.

물론 이 경우 정타가 되질 못하니까 정중앙에 맞았을 때보다 거리가 나지 않습니다.

으…나는 이런 내리막 퍼팅은 질색이란 말야.

스리퍼터가 나오겠는걸.

그래요, 모두가 내리막 퍼팅을 어려워 합니다.

내리막 퍼팅을 할 때의 요령은 없나요.

내리막 퍼팅은 라이를 면밀히 읽는 것이 무엇보다 중요합니다.

그리고 그 라이대로 흐르는 물줄기에 공을 태워나르는 느낌으로 해야 합니다..

스트로크의 힘으로 굴러가는 느낌이 아니라 제힘으로 경사면을 따라 흐르도록 맡겨주는 퍼팅입니다.

내리막이니 치는 강도는 아주 약합니다. 제힘으로 굴러서 들어가도록 해줍니다.

약하다.

히야

그래서 내리막 퍼팅은 치는 법에 관한 한 편안합니다. 팔로우를 길게 내줄 필요가 없으니 가볍게 건드리는 느낌으로 보내주면 됩니다.

15m가 넘는 롱 퍼팅인데 얼마나 세게 쳐야할까?

이런 롱 퍼팅을 힘으로 때려서 거리를 맞추려 하다간 붙이기가 매우 어렵습니다.

공이 오버스핀이 걸려 잘 굴러가도록 손목을 쓰는 타법으로 치는 것도 한 방법 입니다.

퍼팅때 가능한 손목은 쓰지 말랬는데

팔보다는 손목 중심의 축으로 흔들이처럼 쳐주는 타법입니다.

미처 온그린이 되지 못한 에지의 볼을 퍼팅으로 칠때도 마찬가지입니다.

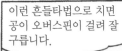

이런 흔들타법으로 치면 공이 오버스핀이 걸려 잘 구릅니다.

꽤 먼거리라도 과다하게 힘을 사용치 않고

툭

부드럽게 손목만으로 치면 공이 잘 굴러 홀컵까지 도달 합니다.

역시 역시 잘 굴러왔구나!

퍼팅에서 가장 중요한 것은 거리감 입니다.

백스윙의 크기만큼 팔로우를 냅니다.

팔로우의 길이로 거리를 낸다는 느낌입니다.

팔로우를 길게 내리면 높게 서는 편이 좋습니다.

높게 선 편이 거리감도 잡기 쉬워집니다.

그러나 3미터 안쪽의 숏 퍼팅에서는 팔로우를 거의 하지 않는 편이 좋습니다.

팔로우를 길게 하려고 하면 그만큼 방향성이 나빠집니다.

'탁' 치는 것으로 그만이라는 느낌으로 칩니다. 물론 그래도 조금은 팔로우가 나오지만…

탁

팔로우를 않기 위해선 끝이 약간 낮아집니다. 웅크린듯한 자세입니다.

자연히 숏 퍼트는 짧게 잡는 편이 좋습니다.

컵까지의 거리에 따라 치는 법이 다르지요?

치는 법이 다르다기보다 목적에 따라 자연히 그렇게 된다고 생각하는 편이 좋겠지요.

결론은 거리를 맞추려고 하는 롱 퍼트는 자세를 높게 하고 팔로우를 내줘서 거리를 맞추고

숏 퍼트는 자세를 낮게하여 팔로우 없이 때려주는 퍼팅이 좋습니다.

퍼트할 때 공을 놓는 위치가 다른데 과연 어디에 공을 놓는 것이 바람직할까요?

여러가지 장단점이 있습니다.

왼발 앞에 공을 놓았을 때는 그만큼 시야가 넓어져서 방향을 감지하기가 쉽습니다.

볼과 퍼트와 홀컵의 평행선을 찾기가 쉬워진다는 얘기로

공을 약간 뒤에서 볼 수 있다는 뜻입니다.

반면 몸밖으로 내미는 팔로우가 돼서 어깨와 팔꿈치로 리드를 잘 해줘야 정확히 칠 수 있습니다.

또한 오른발쪽에 공을 놓고 오픈으로서는 사람은 홀컵 자체를 바라보며 치는 이점은 있습니다.

그러나 이 경우도 슬라이스를 주의해야 합니다.

어느것이나 자기가 편한 쪽을 선택해도 무방합니다.

그러나 많은 사람들은 왼발쪽에 놓는 방법을 씁니다.

참고로 아주 짧은 숏 퍼트는 오른발쪽에 두는 것이 유리하고 롱 퍼트는 왼발쪽입니다.

그러나 그것도 사람에 따라 다르기 때문에 결국 자기가 편한 쪽을 택하도록 권할뿐 입니다.

목표한대로 공을 똑바로 보내기 위해서는 헤드를 똑바로 당겼다가 똑바로 대라고 했습니다.

특히 숏 퍼트에서 더욱 그것이 요구되는데

어떤 방법으로 치든 결코 불필요한 몸의 움직임이 없어야 합니다.

양다리의 튼튼한 스탠스로 몸을 고정시키고 특히 머리는 절대 움직여선 안됩니다.

머리, 즉 눈이 공의 방향을 성급히 쫓으면 자세는 금세 흐트러지고 목표한 대로의 방향성을 얻을 수 없습니다.

온몸을 고목처럼 정지시킨채 스트로크하는 팔만 움직여야 합니다.

온몸을 석고처럼 잔뜩 고정시켜야 되겠구만…

아니죠. 온몸이 지나치게 경직돼서는 부드러운 퍼팅을 할 수 없습니다.

몸을 너무 경직시키면 더 몸을 쓰게 됩니다. 차라리 온몸에 힘을 빼는 편이 몸을 고정시키는데 유리합니다.

앗! 눈 돌아가는 소리가 들리네.

퍼팅에 있어서 최대의 문제는 두가지 입니다.

하나는 '탁' 하고 때리는 탭(Tap)형이고, 또 하나는 쓸어치듯하는 스트로크(Stroke)형입니다.

탭형은 손목으로 치는 타입과 어깨로부터 팔전체로 톡치는 타입이 있습니다.

스트로크형은 손목을 고정하고 어깨와 팔로 쓸듯 스윙을 해나갑니다.

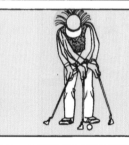

탭형의 퍼팅은 가능한 그립을 가볍게 잡아 헤드무게를 많이 느끼며 치는 것이 유리하며

스트로크 형은 그립을 견고히 잡아 손목을 고정하고 어깨와 팔로 리드해 가며 치는 것이 유리합니다.

또 어떤 골퍼는 숏 퍼트일 때는 탭형, 롱 퍼트일 때는 스트로크형으로 치기도 합니다.

이 경우 저는 꼭 어느 것을 권하지는 않습니다.

어느 것이든 자기 것으로 만들어 사용하는 것이 좋습니다.

다만 한가지 중요한 것은 그날 18홀을 라운딩 하면서 유능한 골퍼는 한가지 형으로만 퍼팅을 합니다. 홀마다 폼을 바꾸는 것은 자멸을 초래 합니다.

앞서 퍼팅에는 탭형과 스트로크형이 있다고 했습니다.

누구나 자기에게 맞는 것을 선택할 수 있겠죠.

그러나 또하나 중요한 것은 퍼터 타면의 방향이 성패를 좌우 한다는 것이지요.

탭형이든 스트로크형이든 타면은 항상 목표방향, 즉 홀컵을 향해야 합니다.

그것은 백스윙 때나 공을 친 다음에도 끝까지 타면은 홀컵을 향해야 합니다.

그러기 때문에 목표방향 일직선으로 클럽을 빼주고 내줘야 한다고 말합니다.

특히 공을 치고 난 다음 퍼터를 홀컵 방향으로 내주면 방향은 매우 좋아집니다.

특히 롱 퍼팅의 경우는 필히 홀컵쪽으로 길게 내줘야만이 거리감도 좋아지고 방향 또한 좋아집니다.

아무튼 퍼터의 방향은 타면의 방향으로 정해집니다.

그것은 탭형으로 공을 때리든 스트로크형으로 공을 치고 나가든 마찬가지입니다.

퍼팅에서 공에 주어지는 퍼터의 힘이 동일해도 구르는 거리에 차이가 나는 경우가 있습니다.

이럴 때 누구나 같은 힘으로 쳐도 잘구르는 타법 즉 톱스핀이 걸린 타법이 좋습니다.

왜냐하면 잘 구르는 볼은 민감한 그린의 라이에 별로 영향을 받지 않고 목표선으로 굴러 가기 때문입니다.

그만큼 라이의 각을 적게 보아도 좋기 때문이죠.

그럼 톱스핀볼은 어떻게 치는 건가요?

시계추처럼 흔들어치면 런이 좋다고 말합니다.

그러나 그 경우에도 볼에 맞는 순간은 퍼터가 지면의 최저점을 지나 상승궤도에 들어설 때 임팩트 하게 되면 톱스핀이 걸립니다.

때문에 런이 많은 공을 치고 싶을 때는 공의 위치는 왼발쪽에 둡니다. 그래야 톱스핀이 많이 걸립니다.

이렇듯 아주 작은 부분까지 생각해야 하는 것이 바로 퍼팅입니다.

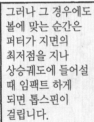

그러나 지나쳐 떠올리듯 맞게되면, 공도 약간 튀어오르듯 맞게 됩니다.

퍼팅에 있어서 가능한 한 잘 구르는 타법으로 치는 것이 유리하다고 했습니다.

그래서 프로들의 퍼팅을 보면 임팩트 순간 약하다고 느껴 멈출 듯 멈출 듯 하면서 홀컵까지 도달하는 것을 볼 수 있습니다.

그럼 잘 구르는 퍼팅의 그립은 어떻게 잡느냐 하는 문제가 따릅니다.

부드럽고 가볍게 잡느냐, 타이트 하고 견고히 잡느냐 하는 문제입니다.

혹자는 부드럽게 잡고 임팩트하는게 잘 구른다고 말합니다.

그러나 제 경우는 가볍게 잡았을 때 보다도 견고히 잡고 임팩트했을 때 더 잘 구르는 것을 알 수 있었습니다.

물론 견고히 잡았을 때 누구나 스윙궤도를 본능적으로 짧게 흔들어 거리가 나지 않는 것으로 알기 쉽습니다.

그러나 똑같은 스윙궤도로 쳤을 때 역시 견고히 잡고 치는 것이 잘 구르는 것을 느낄 수 있습니다.

그러나 이것은 어디까지 제 경우입니다.

단하나 주의할 점은 견고히 잡는다고 해서 임팩트 순간 특별히 힘을 주어서는 안됩니다. 스윙의 크기로 거리를 맞춰야 합니다.

퍼트에서 3퍼트를 줄이는 방법은 롱퍼트의 미스와 숏퍼트의 미스 어느 것이 많느냐 하는 문제입니다

그 경우 롱퍼트의 거리감을 맞추지 못하는 데서 3퍼트가 많이 발생합니다

아무리 숏퍼트가 나쁜 사람이라도 롱퍼트를 홀컵 가까이 붙일 수만 있다면 놓칠 일은 드물 것입니다.

대개의 아마추어들은 3~4m의 퍼트가 홀컵으로 빨려 들어갔을 때의 쾌감 때문에 숏퍼트의 방향을 중요하게 느끼는 경우가 많습니다

그러나 대개의 경우 롱퍼트때 1m 안쪽으로 거리를 맞출 수 있다면 3퍼트는 훨씬 줄어듭니다.

또한 현실적으로 거리감의 미스 보다는 경사를 잘못 읽음으로해서 나타나는 미스가 많음을 볼 수 있습니다.

3퍼트를 줄이는 길은 숏퍼트보다 롱퍼트에서 결정난다고 생각하는 것이 좋습니다. 물론 어느것하나 중요하지 않은 것이 없겠습니다만은 롱퍼트때의 거리감 미스가 더 많음을 볼 수 있습니다.

오르막 경사와 내리막 경사일때의 거리감은 의외로 놓치기 쉽습니다.

앞서의 퍼트에 대한 요령은 대체로 한 사람의 요령이라고 인식해야 옳을 것입니다.

그처럼 퍼트는 철저히 주관적으로 판단해야 할 일이기 때문입니다.

그래서 퍼트는 모든 골퍼들이 자기만의 어드레스, 자기만의 타법, 자기만의 라이를 관찰하는 법을 가지고 있습니다.

중요한 것은 꼭 넣겠다는 끈질긴 집념이 있어야 합니다.

퍼트가 잘 안되는 날은 심리적으로 자포자기가 되어 망치는 경우가 허다 합니다.

어떤 경우, 어떤 악조건에도 넣겠다는 집념이 따라야 합니다.

스코어를 줄이는 길은 퍼트에 있다는 걸 명심하십시요.

드라이버나 아이언샷의 실패를 퍼트에 연관시키지 마세요.

일단 그린위에 올라가면 새로운 티샷을 하는 기분으로 퍼트만을 생각합니다.

때문에 어떤 골퍼는 그날의 스코어보다 퍼트타수를 기록하는 골퍼도 있습니다.

퍼트는 아마추어가 유일하게 프로선수와 호각으로 겨룰 수 있는 기술이라고 생각하면 신나는 일이기도 합니다.

앞서 티샷에서의 방향을 정하는 어드레스의 중요성을 말씀 드렸습니다.

홀컵과 어떻게 바르게 스탠스를 취할 것인가 하는 문제입니다.

이 경우도 퍼팅 페이스로 방향을 먼저 정하고 스탠스를 취합니다.

퍼팅에서도 마찬가지 입니다.

물론 퍼팅의 경우 공을 왼쪽에 두느냐 오른쪽에 두느냐 하는 각자의 다른 경우가 생깁니다.

그리고 스탠스를 오픈으로 하는 사람, 또 클로스로 하는 사람 각양각색 입니다.

그러나 아마추어중에 공뒤에 클럽을 일직선에 댄후

그대로 돌아서서 스탠스를 취하는 사람이 많습니다. 그것은 당연히 위법입니다.

퍼팅 역시 다른 샷과 마찬가지로 클럽페이스로 방향을 잡는 연습을 평소부터 해나가야 합니다. 바른 골프는 초보자 때 제대로 익히는 것입니다.

10m가 넘는 롱퍼트를 해야 하는데… 또 스리퍼팅이 나오겠어요.

이런 롱퍼팅을 해야 할 경우 우선 막연한 거리감으로는 곤란합니다. 확실한 거리를 감지하고 있어야 합니다.

경사면은 가외로 치더라도 우선 정확한 거리를 알아야 합니다. 보폭으로 거리를 확인하는 방법을 많이 사용합니다.

일곱, 여덟

그러나 보폭으로 거리를 잰다고 홀컵에 바짝 붙어서서 하나, 둘하고 거리를 잰다면 영점매너가 되겠지요.

여기서부터… 하나…

홀컵 주위는 공이 직접 들어가야 하는 민감한 곳이므로 가능한한 밟지 않는 것이 예의입니다.

때문에 보폭으로 거리를 잴 때에는 홀컵과 떨어진 지점에서 거리를 재가야 합니다.

이쯤에서

더구나 볼썽사납게 하나 둘 하는 식으로 거리를 재는 사실을 동반자가 눈치채도록 하는 것도 좋지 않습니다.

하나… 둘…

보폭으로 거리를 잴 때에는 라이를 확인하며 자연스럽게 합니다. 그리고 그로 인해 플레이가 지연되지 않도록 미리미리 해두는 것이 좋은 매너입니다.

12m 되는 롱퍼트인데 거리도 완전히 감지했고 대체로 평탄한 라이다.

퍼팅그린에서 연습한 대로 백스윙 크기로 거리를 맞춰서…

탁

구르는 걸 봐서 알맞게 핀근처에 도달하겠다.

어? 어?

우와~ 멈출듯 하면서 홀컵을 지나 1m나 지나갔어.

그래서 항상 홀컵주위 1m라이를 면밀히 살펴야 하는 겁니다.

특히 롱퍼트의 경우 홀컵 근방 까지는 때린 힘으로 굴러왔다가 자체의 구르는 힘은 다소 떨어지면에 라이에 따라 민감하게 구르는 겁니다.

방금 조사장님 퍼팅도 알맞게 치셨는데 그린 주위에 와서 갑자기 잘 굴러 지나친 것입니다. 때문에 롱퍼트라고 해서 그린 주변 탐색을 소홀히 해선 안되는 것입니다.

또 하나, 홀컵 주위를 항상 많은 사람이 밟고 다녔던 관계로 같은 그린이라도 대체로 잔디가 누워 잘구르게 마련입니다.

어려운 내리막 퍼트에 걸렸다 스리퍼터가 나오겠는걸…

대개의 골퍼들이 내리막 퍼트라이를 싫어합니다.

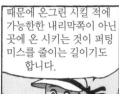

때문에 온그린 시킬 적에 가능한한 내리막쪽이 아닌 곳에 온 시키는 것이 퍼팅 미스를 줄이는 길이기도 합니다.

하지만 그많은 골프코스의 그린에서 일일이 경사면을 외고 있을 수도 없는 일인데…

그렇습니다. 그래서 가까운 거리의 어프로치 때만이라도 그린을 살펴서 내리막 퍼팅에 걸리지 않도록 붙입니다.

그리고 대개의 골프 그린 설계는 그린 앞쪽이 낮고 뒤가 높게 설계되어 있습니다.

높다

낮다

특별한 곳이 아니면 거의가 그런 원리로 그린의 경사면을 이룹니다.

때문에 내리막 라이가 싫다면 핀보다 앞쪽에 공을 떨어뜨리도록 한다면 내리막 퍼팅을 피할 수 있을 겁니다.

퍼팅을 염두에 둔 그린 공략… 싱글로 가는 첩경입니다.

나야 뭐 내리막이라도 좋으니 그린온이나 늘 시켰으면 원이 없겠다.

쓰리온에 첫 퍼트로 1미터 정도 남겨두게 붙였으니

이걸 넣지 못하면 더블 보기가 되는데…

어이쿠… 빗나갔어.

톡

박여사님은 이미 정신력에서 미스를 범한 것입니다.

……

숏퍼트는 자신감이 뭣보다도 필수적입니다.

꼭 넣는다는 자신감입니다.

왠지 불안하고 초조해서는 숏퍼트는 성공할 수 없습니다.

지나치게 신중해서 인터빌을 길게 잡는 것도 숏퍼트에서는 리듬을 잃어 실패를 불러옵니다.

그래… 난 벌써 들어갈 것 같지 않은 예감을 가졌었어.

라운딩 도중 숏퍼트를 한두개 놓치고 나면 그날 하루는 내내 퍼팅에 자신감이 없어서 경기를 망치는 경우가 많습니다.

앞서의 퍼트 미스를 빨리 잊어버리는 것만이 거듭되는 실패를 막을 수 있습니다.

218

이 정도에서는 퍼팅으로 핀에 붙여야지

으아~ 너무 세다.

Q

퍼터로 붙이려다가 오히려 실패했어.

에프론 잔디의 저항을 너무 의식해서 세게 친 것 같아.

그보다 퍼팅자세가 나빴어요.

조사장님은 퍼트 자세가 너무 낮게 웅크렸습니다.

롱퍼트도 그렇겠지만 이런 경우 높은 자세로 서 주어야만 거리감을 느낄 수 있게 됩니다.

스탠스 폭을 넓게 하고 상체를 이르켜 부드럽게 팔로우를 크게 잡아 백스윙 2 팔로우 3의 비율로 쳐줍니다.

거리가 있다고 세게 때리면 구름새가 나빠 숏이 되거나 터무니없이 길어지기도 합니다.

2   3

꼭 넣어야 할텐데.

어이구 형편없이 벌어졌다.

뭐가 잘못돼서 저렇게 방향이 엉망이죠.

지금 조사장님 경우에는 스탠스가 잘못입니다.

대개 퍼트라인을 보고 결정하는 일은 누구나 잘하고 있습니다.

그러나 그 라인에 평행되게 스탠스를 취하는 것이 미숙할 때가 많습니다.

그럼 저는 홀컵과 평행으로 서지 않았다는 건가요.

이럴 때 끈을 홀컵 중앙을 통과하게 걸쳐 봅니다.

이렇게 평행되게 스탠스를 잡고 서서 스트로크를 해준다면 '밀어내기', '걸치기' 따위의 잘못을 고칠 수 있습니다.

그리고 그 평행선 위에서 스탠스를 서는 연습을 반복해 봅니다.

퍼터는 근본적으로 왼손으로 쳐주는 건가요. 아니면 오른손으로 쳐주는 건가요.

누구는 왼손으로 백스윙을 했다가 오른손으로 치라고 하고

또 어떤 사람은 철저히 왼손 퍼팅이 되어야 한다고들 하는데요.

그래요, 퍼터에서는 특별한 교본이 없다고 했습니다.

자기 특유의 감으로 쳐주는 것이 최고라고들 합니다.

그러나 어떻게 치든 그 나름의 장단점이 있습니다.

더욱 중요한건 골프에 있어서 리듬입니다.

이 리듬은 퍼트에서 더욱 요구되는 사항입니다.

특히 왼손, 오른손, 라인대로 던져주는 히트 등 너무 복잡하게 생각해서 정작 리듬을 잃는 경우가 많습니다.

다만 퍼터를 리듬있게 스무스하게 앞 뒤로 휘두르는 일이 중요합니다.

부드럽게 앞 뒤로 휘둘러 공을 맞혀 나간다면 틀림없이 거리감과 방향 또한 좋아질 것입니다.

퍼트를 실패하는
대표적인 것은
심리적 중압감으로
편안한 스트로크를
못하는데 있습니다.

퍼트 헤드가 낮게
앞뒤로 움직이지
못하고 공을 위에서
찌르듯이 움츠러드는
퍼팅을 하는 골퍼가
많습니다.

이렇게 되면 공의
구름이 나빠서
거리감도 없고 방향은
나빠집니다.

롱퍼트이든
숏퍼트이든
스트로크를
거침없이 해주는
것이 중요합니다.

그러기 위해서
다음과 같은 방법을
시도해 보세요.

스탠스를 적당히
넓히고 왼발 끝을
약간 밖으로
향하게 서고 공은
왼발 뒤꿈치 앞에
둡니다.

그 다음 홀컵 전방으로
퍼터의 블레이드가
왼발의 끝을 반드시
넘어가도록 정신을
집중합니다.

이렇게 되면
스트로크가
길어져서 방향도
좋아질 뿐아니라
부드러운 터치가
되어 공의 구름도
좋아집니다.

퍼터 헤드가 왼발 끝을
지나가도록 뻗어주라는
뜻입니다.

앞서 퍼팅에서 대표적인 실패의 원인이 위에서부터 찌르듯 터치하는 것이라고 말씀드렸습니다.

퍼팅의 기본은 퍼터 헤드를 낮게 앞뒤로 흔들어 주는 일입니다.

헤드를 낮게 흔들기 위해서는 우선 백스윙 때 헤드를 낮게 뒤로 끌고 가는 일입니다.

마치 당구에서 큐를 수평으로 하듯 낮게 끌고가는 일입니다.

우와~ 이프로가 언제 당구까지…

그리고 스트로크를 하기 위해서 볼을 터치하는 순간 급격히 헤드를 들어올려서는 안됩니다.

가능한 한 낮게 빼서 낮게 밀어내주는 일입니다.

낮은 스트로크를 연습하기 위해 동전을 바닥에 놓고 살짝 살짝 건들어가며 흔드는 연습방법이 있습니다.

좋은 퍼팅 방법의 하나는 스트로크 하는 동안에 왼 손목을 구부리거나 무리하게 버티게 하는 것을 예방하는 일입니다.

왼 손목을 쓰지 말라는 뜻인데요 스트로크 하다보면 자기도 모르게 손목을 쓰게 되는데요.

그렇죠. 치는 것만 의식하면 손목을 쓰게되죠.

반대로 손목을 쓰지 않겠다고 신경을 쓰면 스트로크가 경직돼 부드러운 터치가 되치 못하고 맙니다.

그래서 손목을 쓰지 않는 연습 방법의 하나로 퍼터그립의 아랫쪽을 잡고 그립 끝 부분을 밴드로 잡아매는 것입니다.

스트로크 하는 동안에 그립 끝이 팔에서 떨어지려고 하는 기미가 있으면 왼쪽 리스트가 꾸부러졌다는 걸 알고 교정하도록 하는 일입니다.

그래서 랑거 같은 선수는 왼손을 아래에 두는 그립을 취하는군요.

그렇죠… 그것 역시 왼 손목을 쓰지 않기 위해 고안해낸 그립이기도 합니다.

좋은 퍼팅은 오른손보다 왼손으로 리드하듯 치라고들 하는데 맞는 말인가요.

그렇습니다.

오른손 타법은 밀어치는 타법이고

왼손 타법은 끌어당겨치는 타법입니다.

물건을 똑바로 움직일 경우에는 미는 것보다 끌어당기는 것이 용이하죠.

맞아, 이 프로는 인체공학에도 일가견이 있구만.

퍼트에서도 왼손으로 끌어당기듯 스트로크 해주는 것이 방향이 좋아집니다.

양손이 퍼트헤드 보다 약간 앞쪽에 위치하도록 어드레스 해줍니다.

그 위치대로 뒤로 뺏다가 왼손등이 그립 전체로 클럽 헤드를 끌면서 목표 방향으로 나가는 느낌입니다.

왼손등으로 끌어 당기듯 치는 퍼팅을 권합니다. 그러나 자기 것이 되도록 연습을 한 후에 실전에 임해야 할 것입니다.

손이 먼저 헤드가 나중에 와야 합니다.

225

에개

전 이처럼 짧은 거리에서도 오른쪽으로 흐르는 슬라이스성 퍼팅이 많아요.

그 첫번째 원인은 헤드업입니다.

그래서 퍼팅한 공이 홀컵에 떨어지는 것을 소리로 들으라고 합니다.

또 하나 헤드업을 하지 않고도 양쪽 어깨가 열려서 슬라이스가 나는 경우가 많습니다.

이럴 때 오른팔꿈치를 가볍게 겨드랑이에 붙여줍니다.

양어깨가 치는 순간 열려서 오른쪽으로 흐르는 공이 많을 때 이런 방법을 쓰면 효과적입니다.

물론 헤드업을 하지 않는 것은 철칙입니다.

이렇게 가볍게 겨드랑이에 붙은 오른팔꿈치가 떨어지지 않도록하며 퍼팅해갑니다.

퍼트의 스트로크를 하는 동안에 움직이는 것은 양어깨와 팔꿈치뿐이어야 합니다.

몸이 움직인다든가 하체가 움직이면 비참한 결과를 초래합니다.

퍼트의 명수들은 모두 스타일은 달라도 스트로크 도중 부동의 중심축을 유지하고 있습니다.

이렇게 중심축을 움직이지 않게 하는 방법중의 하나는 양무릎을 서로 안쪽으로 좁혀서는 것입니다.

이렇게 양무릎을 조여서 하체에 약간의 긴장감을 유지한다면 중심축이 흐트러지지 않게 됩니다.

마치 양무릎 사이에 고무풍선을 끼고 있는 감각입니다. 이런 자세를 취하는 유명 골퍼들이 많습니다.

중심축이 흔들리지 않게 하는 방법으로는 효과적입니다.

227

대개의 아마추어 골퍼들이 퍼팅에서 범하는 실패는 손목을 쓰는데 있습니다.

그래요.

저는 손목을 사용치 않으려 하는데도 자꾸만 써지는 모양이예요.

그런 병을 어떻게 고쳐야 할까요.

그럴 때는 퍼터 그립의 아래쪽을 짧게 잡아보는 것입니다.

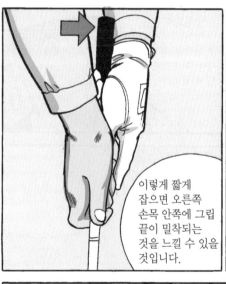

이렇게 짧게 잡으면 오른쪽 손목 안쪽에 그립 끝이 밀착되는 것을 느낄 수 있을 것입니다.

이렇게 밀착된 그립 끝이 스트로크 동안 떨어지지 않게 해준다면 어깨의 움직임만을 느낄 것입니다.

이렇게 연습해서 익숙해지면 보통 때의 그립으로 돌아가도 감각을 잊지않고 손목을 쓰지 않는 스트로크를 할 수 있습니다.

퍼트의 성공
요건은 자신감이
수반한 정신
집중입니다.

조그만 소리라든가
주변의 작은
움직임으로도 퍼팅을
실패하는 이유는
자기 콘트롤을
잃어버리기
때문입니다

그래서
퍼팅하는
사람 외에는
특별히 조용히
해주는 매너가
필요한
것이죠.

그러나 세계적인
프로 선수들은 수
많은 갤러리 속에서도
훌륭히 퍼팅을
해나가는 것은 자기
콘트롤을 잘 하기
때문입니다.

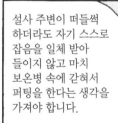

설사 주변이 떠들썩
하더라도 자기 스스로
잡음을 일체 받아
들이지 않고 마치
보온병 속에 갇혀서
퍼팅을 한다는 생각을
가져야 합니다.

그리고 오직 머리
속에는 홀로 공이
굴러 들어가는 모습을
시각으로 느껴야만
합니다.

주변 여건에
지나치게 민감한
것은 결국 스스로의
콘트롤에 실패한
때문입니다.

어떤 악조건
속에서도 성공한다는
신념으로 자기 몰입을
해가며 퍼팅을 하는
것이 중요합니다.

특히 오르막 경사의 퍼팅이나 롱퍼팅을 한 경우 팔로우를 길게 가져가는 것이 좋습니다.

누차 말씀드렸듯이 손의 힘의 강약으로 거리를 맞춰가지 말라고 했습니다.

이와 마찬가지 이론으로 공을 임팩트한 후 퍼터 헤드를 멈추면 공은 홀에 가 닿지 않습니다.

헤드를 멈추지 말고 헤드 무게대로 팔로우가 되도록 맡겨 두는 것입니다.

공은 잘 굴러 홀에 도달합니다.

이와 반대로 내리막 경사일 경우

헤드를 멈추어 줘야 합니다.

거기에다가 경사면에 따라 짧고 급할수록 헤드를 멈추어줘야 합니다.

내리막 급경사는 라이에 따라 흘러들어 가도록 맡겨두는 것입니다.

그냥 공에 툭 맞히는 기분으로 건드려주고 헤드를 멈추어 줍니다.

퍼팅의 성공 여부는 퍼팅 기술도 중요하지만 우선 그린을 읽는 것도 중요합니다.

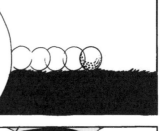

퍼팅이란 워낙 예민함을 요구하기 때문에 그린 잔디의 결에 따라 공의 구름이 현격하게 차이가 나기도 합니다.

잔디결이 부드러운 벤드그린은 잔디결의 영향이 '약간 무겁다' '약간 빠르다' 정도로 가볍게 생각할 수 있습니다.

경사만 염두에 두면 되겠지요.

그러나 고려 잔디그린의 경우는 이 잔디결의 영향을 많이 받습니다.

특히 롱퍼트일 경우에는 이 점을 많이 염두에 두어야 홀컵에 도달하며 좌우 방향도 실패하지 않습니다.

대체로 거무칙칙하게 진한색으로 보이며 스파이크 자국이 선명히 보이는 곳이 역결, 희고 빛나게 보일 때는 순결입니다.

또한 홀의 단면을 보아 왼쪽 사이드에 잔디가 뻗은 기미라면 왼쪽에서 오른쪽으로 누워 있음을 알 수 있습니다.

퍼트를 할때 대부분 단 두가지에 대해서 신경을 씁니다.

얼마나 세게 때릴 것인가와 어디로 보낼 것인가 즉, 거리와 방향입니다.

이 두요소의 상대적 중요성은 볼이 홀로부터 얼마나 멀리 떨어져 있는 가에 다라 달라집니다.

예를 들면 5m 이내의 거리라면 방향이 더 중요합니다.

좌우로 빗나갈 위험은 많아도 너무 짧거나 너무 길어서 실패하는 예는 드물기 때문 입니다.

반대로 긴 퍼트일때는 볼이 홀의 좌우 1m 이상 빗나가는 예는 거의 없습니다.

하지만 홀의 1m50에 모자라거나 지나가는 경우는 많습니다.

이와 같이 긴 퍼트일 때는 방향보다 거리가 더 중요합니다.

때문에 퍼팅은 두가지 기술이 상황에 따라 바뀌어야 합니다.

긴 퍼트와 짧은 퍼트일때 어떻게 달리해야 하는지 집중적으로 연구해보도록 하겠습니다.

짧은 퍼트와 긴 퍼트는 우선 어드레스 자세부터 달라져야 합니다.

짧은 퍼트는 몸을 숙이고 스탠스를 좁혀줍니다.

긴 퍼트일 때는 똑바로 서줍니다. 스탠스는 넓혀 줍니다.

자세를 높일수록 유리합니다.

짧은 퍼팅일 때는 그립을 내려 잡고 손목이 뜨지 않게 견고하게 잡습니다.

긴 퍼트일 때는 그립을 올려 잡습니다.

헤드 무게를 충분히 느끼도록 부드럽게 잡습니다.

짧은 퍼트는 그립을 내려 잡고 자세를 숙이기 때문에 양팔꿈치는 가슴으로 붙이고 양손은 볼보다 앞쪽에 위치시킵니다.

긴 퍼트는 자세를 세우기 때문에 양팔꿈치는 몸에서 떨어지며 양손은 볼위에 위치시켜 줍니다.

퍼팅, 타격은 모두 손목과 팔, 어깨동작이 알맞게 조화되어야 합니다.

긴 퍼트와 짧은 퍼트는 어떻게 달리 타격하는가를 생각해 보겠습니다.

짧은 퍼트일 때는 손목 동작이 전혀 없어야 하며 팔동작 또한 거의 없어야 합니다.

즉, 어깨에 의하여 퍼터가 제어되어야 합니다.

똑바로 뒤로 갔다가 앞으로 이동하는 동작을 취하며 손잡이와 헤드를 똑같은 거리로 움직여 줍니다. 몸은 고정시키고 왼쪽

손목을 마치 벽에 부딪히는듯이 억제하여 공을 홀까지 이동시키는 억제된 타격동작을 취해야 합니다.

긴 퍼트일 때는 퍼터의 헤드 무게에 초점을 맞추고

양팔과 어깨를 이용하여 어드레스 위치에서 자연스레 퍼터를 뒤로 당겨 줍니다.

이렇게 하여 퍼터 헤드가 안쪽으로 들어오며 뒤로 이동 했다가 타격순간 다시 직각으로 돌아갈 수 있게끔 해줍니다. 임팩트 후 헤드를 풀어놓는다는 기분으로 목표 방향으로 던져 줍니다.

억제된 짧은 퍼트의 타격 감각과 풀어놓는 긴 퍼트의 타격 감각을 위해 다음과 같은 연습이 매우 효과적입니다.

짧은 퍼트의 어깨 역할을 강화시키기 위해 오른손을 왼쪽 어깨에 얹습니다.

이 상태에서 짧은 퍼트를 때려 봅니다. 왼쪽 어깨가 공쪽으로 당겨주는 느낌을 받을 것입니다.

이와 같이 기계적으로 억제시켜 당겨주듯 목표선으로 이동시켜 주는 것이 짧은 퍼트의 감각입니다.

풀어주기형 긴 퍼트에선 반대입니다. 왼손을 오른쪽 어깨 위로 얹어놓고 자유스럽게 공을 히트해 봅니다.

타격이 기계적으로 느껴지지 않으며 퍼트를 흔들어 주는 동안 다리도 함께 움직일 수 있는 정도입니다.

하지만 상체의 움직임은 없어야 합니다. 히트 후 오른팔을 목표쪽으로 뻗어줍니다.

또 하나, 짧은 퍼트와 긴 퍼트의 효과적인 연습방법을 알려드리겠습니다.

짧은 퍼트일 때 홀컵으로 부터 10cm 거리에 있는 공 앞에서 어드레스 자세를 취하고 섭니다. 퍼터를 똑바로 뒤로 뺐다가

이어 홀컵쪽으로 때려줍니다. 그리고 퍼터가 홀컵 위에서 마무리 되도록 동작을 진행시킵니다.

이렇게 해서 홀컵과 비교해서 블레이드가 직각 상태인지 아닌지를 즉각 알 수 있습니다.

긴 퍼트일 때는 어드레스 자세를 취한 뒤 오른손으로 표적을 향해 공을 던져 줍니다.

언더핸드로 오른팔을 표적을 향해 뻗어주듯 던져주는 연습은 거리에 대한 감각을 촉진시켜 줍니다.

그 다음엔 공을 던질 때의 감각으로 실제 타격을 해봅니다. 연습그린 끝에서 다른 끝쪽을 향해 공이 그린을 벗어나지 않고 에지에 최대한 가까이 붙도록 퍼팅 연습을 해봅니다.

: 거리에 대한 감각이 아주 좋아질 것입니다.

아마추어 골퍼들이 퍼트할때 공이 왼쪽에서 오른쪽으로 휘어지는 퍼트가 많습니다. 헤드 업이든 스트로크의 불안정이든 슬라이스 타구가 많습니다.

결과적으로 퍼터가 목표라인과 일직선으로 움직이지 않았다는 증거입니다.

이런 사례가 잦은 골퍼라면 다음과 같은 연습을 해 보시기 바랍니다.

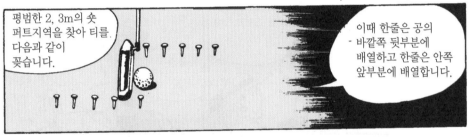

평범한 2, 3m의 숏 퍼트지역을 찾아 티를 다음과 같이 꽂습니다.

이때 한줄은 공의 바깥쪽 뒷부분에 배열하고 한줄은 안쪽 앞부분에 배열합니다.

공의 바깥쪽 티의 배열은 백스윙시 궤도가 밖으로 빠지는걸 막아주게되고

공의 안쪽의 티 배열은 타격후 퍼터가 안쪽으로 움직이는 것을 방지해줍니다

이렇게 몇차례 해보면 스트로크가 훨씬 더 일직선상에 움직이는 것을 느끼게 될 것입니다.

으~ 난 요즘 숏퍼트 노이로제에 걸려 있어서 그린에만 올라오면 떨린다니까.

저것봐. 또 1m도 안되는 퍼트를 실패했다.

퍼트 스트로크에 문제가 있어요.

탁형은 백스윙은 크게, 내미는 동작은 작게 스트로크 하고 있어요.

숏퍼트일수록 백스윙은 가급적 짧게 해주는게 포인트입니다.

3분의1을 빼주고 3분의2를 홀컵 방향으로 내밀어 보세요. 숏퍼트의 실수는 줄어들 것입니다.

짧은 백스윙보다 긴 백스윙은 정확도를 그만큼 떨어뜨리기 때문입니다.

경사가 심한 이런 퍼트라인에 걸리면 어찌해야 할지를 모르겠어.

어머머… 저렇게 빗나가 버렸어.

라이가 심한 경사면의 퍼트에서 홀컵에 신경을 쓰면 실패하게 됩니다.

그럼 어디에 신경을 쓰나요?

특히 슬라이스 라이인 경우에는 볼이 휘는 지점을 먼저 파악해 두어야 합니다.

휘는 지점

그리고 홀컵은 완전히 무시하고 꺾이는 지점을 향해 스트로크만 해줍니다.

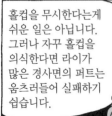

홀컵을 무시한다는게 쉬운 일은 아닙니다. 그러나 자꾸 홀컵을 의식한다면 라이가 많은 경사면의 퍼트는 움츠러들어 실패하기 쉽습니다.

오직 꺾이는 지점이 홀컵인양 그곳만을 노려 쳐 줍니다.

타악

터럭 럭

또 엄청나게 빗나가는 퍼트가 됐어.

조사장님 퍼트는 볼이 곱게 구르지 않는군요.

퍼트는 방향과 힘조절도 중요하지만 곱게 그린위를 타고 구르도록 해야만이 작은 경사 따위에는 저항을 받지 않고 굴러서 홀에 도달할 수 있습니다.

그러기 위해선 백스윙을 낮게 지면에 스치도록 빼줍니다.

그렇게 빼준 퍼터로 볼을 칠 때에는 약간 들어서 볼 중심부분에 맞힌다고 생각하고 쳐보세요.

곱게 잘 구르는 볼이 성공률이 높습니다. 거칠게 툭툭 튀며 굴러간다면 히팅을 잘못한 결과입니다. 웬만한 라이에도 저항을 받아 구불구불 굴러가서 실패하게 됩니다.

볼은 오버 스핀이 걸려 잘 구르게 됩니다.

240

퍼트에선 스트로크도 중요하지만 바른 스탠스를 정립하는 것도 매우 중요합니다.

자신을 홀컵과 평행 되게 서서 퍼트를 하라고 하지만 실제 바르게 서지 못하는 골퍼가 많습니다.

아무리 좋은 스트로크를 구사 해도 홀과는 다른 방향으로 굴러갑니다.

우선 자신이 과연 바르게 스탠스를 잡고 있는가를 아는 것이 매우 중요합니다.

평소대로 홀 방향으로 스탠스를 잡고 홀과 직선이 되는 20cm 지점에 또 하나의 볼을 놓아둡니다.

그리고 볼 뒤에 가서 과연 일직선상에 볼이 놓여졌나를 확인해 보세요. 많이 틀어져 있음을 확인하게 될 것입니다.

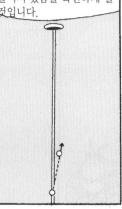

이처럼 평소 자신이 어떤 방향으로 잘못 스탠스를 잡고 있는가를 알아보면 교정하기가 쉬워집니다. 옆에서 본 것과 볼 뒤에서 보는 차이가 크다는 걸 알 수 있습니다.

늘 자신은 바르게 스탠스를 잡고 있다고 믿지만 대개 잘못 서고 있음을 알게 됩니다. 이런 방법으로 바르게 서는 연습을 해보는 것도 중요한 일입니다.

퍼트에서 백스윙을 할때 시선이 헤드를 따라 움직이는 나쁜 습관이 있는 골퍼가 많습니다.

이는 결과적으로 표적에 대한 집중력 저하를 가져옵니다.

그걸 고치기 위해 다음과 같은 연습을 해보세요.

우선 보통때와 같이 퍼트의 준비자세를 갖춘 뒤 머리를 홀쪽으로 돌립니다.

머리를 돌린 상태에서 퍼터를 뒤로 빼주며 동시에 시선을 볼쪽으로 옮겨 줍니다.

이렇게 해주면 백스윙할 때 시선이 퍼터헤드를 따라 간다는 것이 불가능하기 때문에 안전한 퍼트를 할 수 있게 됩니다.

꽤 먼 거리의 내리막 퍼트에 걸렸을 때

누구나 3퍼트의 위기감을 느낍니다.

정신없이 굴러 내려가는 걸 두려워서 약한 터치를 하면 다시 내리막의 어려운 퍼트를 남기게 되고

그게 싫어서 좀 강하게 치면 정신없이 굴러 내려 갑니다.

이 경우 흔히들 퍼터의 토우부분으로 해야한다고 많이 들어 보았을 겁니다.

분명 타격의 힘만큼 구르지 않는 효과가 있습니다.

그러나 제 경우 그 방법은 방향이 자칫 틀리게 되는 경우가 생겨 피 하고 있습니다.

그래서 저는 퍼터의 중심부분에 볼을 맞추되 볼의 상단부 중간쯤을 치는 방법을 선호합니다.

마음껏 스트로크 해도 많이 구르는 볼이 나오지 않습니다. 한번 시험해 보세요.

골프에서 가장 예민하고 까다로운 퍼트는 조금의 동요로도 방향이 틀어지게 마련입니다.

특히 어떻게 스트로크할 것인가를 지나치게 생각하면 더욱 흔들리는 퍼트를 하게되곤 합니다.

지나친 퍼트동작에 대한 생각을 떨쳐버려 보세요.

그런 예민한 퍼트 동작에 대한 생각을 떨쳐 버리기 위해 연습시 팔이나 손에 움직임을 배제 시킵니다.

몸을 단단히 고정시키고 오직 어깨만 흔들어 줍니다.

작은 근육, 즉 팔이나 손을 쓰지 않고 큰 근육, 어깨의 흔들림만으로 연습퍼트를 해보세요.

팔이나 손에 신경이 덜 쓰이고 퍼터헤드의 스윙이 부드럽게 되는 것을 느낄 수 있을 것입니다.

만약 1m내의 쇼트퍼트를 하나도 놓치지 않고 성공시킨다면 스코어가 얼마나 줄어들 것인가를 생각하면 아마추어들은 아마 3~4점을 줄일 수 있을 것입니다.

더구나 쇼트퍼트를 놓친 후의 엉망인 기분에서 다른 샷에까지 영향을 미치는 점을 계산한다면 그 중요성은 말로 표현할 수 없을 만큼 큽니다.

그래서 프로선수들은 이 쇼트퍼트에 많은 연습 시간을 할애합니다.

나는 5~6점이 줄걸.

연습그린에서 1m 정도의 거리에다 반원을 그리듯 20개의 공을 놓습니다. 경사진 곳에 홀이 있다면 더욱 연습에 도움이 되겠지요.

이것을 돌아가면서 20개 모두 성공시키는 연습을 해봅니다. 성공했을 경우 20~30cm 더 떨어진 거리로 옮겨 연습합니다.

이렇게 거리를 늘려서 연습해 간다면 쇼트퍼트에 훨씬 자신감이 붙게 됨을 발견할 것입니다.

성공적인 퍼트를 위해서 여러가지 퍼트동작을 익히고 특성에 맞는 퍼트스트로크를 위해 노력을 합니다.

그러나 각자가 어떤 요령으로 퍼트를 하든 숙지해야 할 대원칙이 있습니다.

그것은 '멈춰라', '보아라', 그리고 '들어라' 입니다.

머리와 몸이 흔들리지 않도록 일단 퍼트에 대한 준비를 한 다음 타격동안에는 자세가 흔들리지 않도록 '멈춰라' 가 첫째 입니다.

홀을 바라보면서 퍼트의 이동선과 길이를 측정한 다음 볼 뒤쪽에 클럽을 갖다대는 '보아라' 가 그 둘째입니다.

그 다음 볼이 홀에 떨어지는 소리가 들릴 때까지는 고개를 들지않는 '들어라' 가 그 셋째입니다.

멈추고, 보고, 듣는 기술을 연습하면서 내내 머리와 몸이 흔들리지 않도록 훈련을 거듭한다면 스코어 향상도 기대할 수 있을 것입니다.

퍼팅에서 특히 라이가 있는 퍼팅을 할때 홀컵을 의식하지 말고 휘어지는 지점을 노리라고 말을 합니다.

때문에 굴곡이 있는 라이에서는 볼이 굴러가는 통로를 상상해 보세요.

이 연습을 위해 티 두개를 가지고 홀넓이쯤 되는 '문'을 만들어 보세요.

그 문을 휘어지는 지점에다 설치해 놓고 그 문을 통과시키는 연습을 해보세요.

실제 홀보다 거리는 가까워서 노리기도 쉽고 홀까지의 긴 굴곡을 생각 안해도 좋을 것입니다. 그 문을 통과시킨다면 그 아래쪽의 실제 홀도 놓치지 않을 것입니다.

연습 그린 위에서 이와 같은 연습을 반복해 두면 실제 홀컵을 의식하지 않고 휘는 지점을 노리는 것이 자연스레 몸에 밸 것입니다.

골프에서 많은 사람들이 가장 원하는 것은 1m안의 숏퍼팅을 100% 성공시키는 것이고

두번째가 퍼트라이를 정확하게 읽을 수 있었으면 하는 것입니다.

그렇습니다. 아무리 좋은 퍼트 스트로크를 했다고 해도

라이를 잘못 읽으면 아무 소용없게 되고 마니까요.

우선 라이를 읽는 법에서 라이의 휘어짐은 볼뒤에서 살펴야 합니다.

대체로 명심해야 할 것은 맨 처음 본 것이 가장 정확하다는 것입니다.

너무 장시간 라이를 살피다간 있지도 않은 환상의 라이가 나타나곤 합니다.

중요한 것은 그린의 라이는 볼 뒤에서 살피고 자신이 안서면 홀 뒤로 가서 다시 한번 점검하는 일입니다. 대개 퍼트는 홀을 지나치게 때리기 때문에 홀 뒤에서 또 한번의 점검이 필요합니다.

그 다음 볼을 향해 걸어가면서 그린이 얼마나 단단한 상태인지를 발을 통해 느껴야 합니다. 그린이 단단하게 굳어 있을수록 볼은 빠르게 굴러갑니다.

그린을 읽는
방법중에 또하나
중요한 것은
속도를 살피는
일입니다.

특히 산악코스에서는
자신이 오르막 퍼트를
하고 있는지 내리막 경사
퍼트를 하고 있는지를
파악하기가 어렵습니다.

이런 속도감을 읽기
위해서는 옆에서 보면
판단이 분명해집니다.

퍼트를 위나 아래로
해야할때 또는 2단
그린이나 언덕상태의
그린에서 옆으로
가로질러 퍼트를 해야
할 때는 옆에서 지형을
살피는 것이 최상의
방법입니다.

마지막으로 잔디의
결을 조사하고 작은
돌이나 이물질 여부를
확인하는 것은 홀
주변에서 살펴야
합니다.

굴러온 공의
속도가
떨어졌을 때
빗나가게
하는 원인이
되기
때문입니다.

이처럼 라이를 읽을
때는 전-후-옆-홀주변
관찰의 목적이 각각
달라야 하는 것입니다.

상급자로 올라갈수록 퍼트의 중요함을 실감하게 됩니다.

그래서 프로골퍼들이 가장 많은 시간을 퍼트연습에 할애하는 것입니다.

더구나 이 퍼트에는 특별한 교본이 없다고 말을 합니다.

그것은 자기만의 독특한 감각으로 퍼트를 하기 때문입니다.

그러나 누구든지 지금 쓰는 퍼터가 과연 나에게 맞는 것인가 하는 문제입니다.

물론 퍼트가 만족할 만큼 성공률이 높다면 맞는다고 말을 하겠지요.

그러나 시중에 나온 여러가지 퍼터가 다 조금씩 성질이 다르고 그 다른 만큼 퍼트 스타일도 달라야 한다는 사실을 모르고 있습니다.

오프셋(offset), 호젤(hosel)의 형태, 샤프트 각도와 로프트에 따라 퍼터는 세가지로 나누어지며 이에 따라 퍼트의 타격 방법도 크게 세가지로 나누어집니다.

이런 점에 대해서 좀더 자세히 알아 봅시다.

A   B   C

퍼트 스타일이 볼을 양발 사이 한 가운데 두고 어드레스하는 골퍼가 있습니다.

몸무게를 양발에 고르게 분산시키고 양손을 한 가운데 위치시킵니다.

이에 따라 손잡이에서부터 샤프트의 아래쪽을 거쳐 볼의 뒤쪽까지 일직선 상태가 되는 형입니다.

이 또한 양팔과 어깨를 이용한 타격형태를 보여줍니다.

타격후에도 비교적 퍼터를 오래도록 일직선으로 표적선을 따라 뻗어주게 됩니다.

이런 골퍼는 호젤(hosel)이 일직선이고 로프트가 극히 작은 퍼터를 사용했을 때 가장 좋은 효과를 볼 수 있습니다.

이런 골퍼가 전통적 오프셋에 로프트가 큰 모델의 퍼터를 사용하면, 볼이 클럽 페이스의 윗부분에 맞게 되고 그 결과 표적의 왼쪽으로 빗나가게 됩니다.

252

양발과 어깨를 표적선의 왼쪽에 겨냥한 뒤 몸무게의 상당량을 오른쪽에 얹고 열린 상태에서 준비자세를 취하는 골퍼가 있습니다.

볼은 가운데 앞쪽으로 놓이게 되며

어드레스때 양손은 현저하게 볼의 뒤쪽에 위치하게 됩니다.

퍼터를 뒤로 뺐다가 앞으로 밀어줄 때 손과 손목으로 동작을 취하기 때문에 퍼터가 위로 떠오르게 됩니다.

이러한 골퍼는 샤프트의 각도가 뒤로 기울어져 있고 헤드의 로프트가 작은 퍼터가 유리합니다.

이런 골퍼가 전진형 오프셋의 로프트가 큰 퍼터나 호젤이 일직선인 퍼터를 사용하게 되면, 표적의 왼쪽을 겨냥하는 경향이 있기 때문에 클럽을 닫았다가 열어주며 준비자세 때의 열려 있던 정렬상태를 상쇄시키려 하게 됩니다.

이렇게 되면 거리와 방향에 있어 일관성을 유지하기가 어려워 집니다.

골퍼가 가지고 있을 수 있는 14개의 클럽 중에서 가장 많이 사용하는 것이 퍼터입니다.

그러나 대개의 아마추어들은 이 퍼터를 등한시 해버립니다.

오늘은 운이 좋아 잘 들어갔다든지

운이 없어 안들어갔다든지

그러나 사실 알고 보면 퍼터 만큼 과학적인 것도 없습니다.

퍼터의 유형에 따라 자세를 바꾸든지 퍼터를 바꾸든지 하는 것은 중요합니다.

다만 그 후로는 철저한 믿음입니다.

라운드 도중 내내 그 흔들림없는 믿음을 가지고 홀을 공략해 간다면 분명 몇타는 줄일 수 있습니다.

퍼터와 자세를 확고히 정해 놓고 철저한 믿음으로 퍼트를 구사하는 마음가짐은 매우 중요합니다.

골프코스 근처의 지형적 특성이 어떠냐에 따라서 그린의 볼이 휘어지는데 영향을 준다는 사실을 잊어서는 안됩니다.

특히 우리나라처럼 산악지역에 골프코스를 조성한 곳에서는 그 영향이 매우 큰 법입니다.

산악지역에서는 퍼트라인이 똑바로 보이는 곳에서도

볼은 부근의 산봉우리 반대쪽으로 휘어집니다.

이 경우도 산이 왼쪽으로 비스듬히 흐르고 있기 때문에 볼도 왼쪽으로 흐르는 것입니다.

산악지형의 그린에서는 평지로 보일 지라도 산쪽이 전반적으로 높다는 걸 염두에 두어야 퍼트에 실패가 없습니다.

그린의 상태를 읽는
일 중 오전과 오후가
다르다는 걸
이허두어야 합니다.

이른 아침에는
이슬로 인해 대체로
그린이 무겁습니다.

반면 태양이 빛나는 낮에는
습도가 없어서 빨라지는
것은 당연합니다.

그러나 그린
잔디도 낮동안에는
자라기 때문에

늦은 오후 그린에서의
속도는 또 느리게
됩니다. 그만큼 잔디가
자란 때문이지요.

퍼트는 잔디의 결, 즉
잔디가 자라고 있는 방향으로
퍼트했을 때 더 빠르게
흐릅니다. 결의 방향을
식별하는 일은 그린 색깔이
반짝이며 윤이 나게 보이면
결은 앞으로 흐르고 있는
것입니다.

반면 그린이 짙게
보이고 스파이크
자국이 선명히
보이는 쪽은 잔디결
과 마주하고 있는
상태입니다.

이도저도 판단하기
어려울 때는 해가
지는 쪽으로 잔디가
자란다고 생각하면
됩니다.

제 4 장
연습장 골프

어떤 경우엔 일주일에 서너번 필드에 나가는 열성파 골퍼들을 볼 수 있습니다.

같이 골프를 시작한 주말골퍼는 이제 그런 분과 엄청난 실력차를 미리 인정해 버리곤 합니다.

물론 라운드를 많이 가질수록 필드감이 생겨 스코어가 향상 되기도 하겠죠.

그러나 그런 분들 중에 스윙폼이 이상하게 변칙으로 변해서 보기 흉한 스윙폼이 많습니다.

나름대로 슬라이스나 훅 또는 장타를 내기 위해 라운드 도중 스윙을 바꿔나간 결과입니다.

그런 변칙스윙으로 나중에 더큰 슬럼프가 있을 때는 교정하기 무척 어렵게 됩니다.

골프는 스윙폼을 점검않고 마냥 라운딩만 한다면 조금씩 조금씩 무너져가는 그런 운동입니다.

그래서 대개의 골퍼들은 겨울철 비 시즌일 때 연습장이나 골프클리닉 같은데서 자기의 스윙폼을 교정하곤 합니다.

지금부터 연습장에서의 연습요령을 습득해 보도록 하겠습니다.

라운딩 수를 많이 가지는 것보다 연습장에서 스윙폼을 점검해나가는 골퍼가 더큰 발전이 있습니다.

스윙으로 공을 친다는 말은 팔로 휘둘러 때리는 것을 말하는게 아닙니다.

.몸으로 치는 느낌이라야 파워도 생기고 방향도 좋아집니다.

어드레스 때 양팔로 삼각을 만들라고 말들을 합니다.

이 삼각이 무너지지 않게하고 스윙을 하는데

팔만을 움직이면 금방 이 삼각은 무너지게 됩니다.

양 어깨와 상체 몸통으로 움직여 보세요.

삼각은 무너지지 않게 됩니다.

이것이 스윙의 기본입니다.

이 연습을 위해 빈손으로 손바닥을 모으고 허리 높이 까지만 손을 흔들어 보세요.

손을 흔단다기보다 어깨를 흔들어 주는 겁니다.

처음 골프를 배울 때 이 동작부터 한 기억이 날 것입니다.

갑자기 난조를 보일 때 초보단계로 돌아가서 점검해보는 것이 슬럼프를 벗어나는 지름길입니다.

난 아무리해도 드라이버가 잘맞지않아.

연습장에서 드라이버를 치는 사람이 많아요. 물론 드라이버가 잘맞지 않으니까 연습하는 것이겠지만…

그런 사람은 드라이버보다 스푼을 쳐 보세요.

스푼은 드라이버보다도 쉽게 칠 수 있다는 의식이 있습니다.

드라이버는 안돼도 스푼으로 나이스샷을 계속하여 자신감을 우선 갖습니다.

어려운 드라이버로 미스샷을 연발 하는 것보다도 스푼으로 자신이 생긴다음 드라이버로 치면 의외로 잘 맞습니다.

개꼬리보다 닭대가리로 자신감부터 키운다… 그것 좋지.

꿈보다 해몽이 좋다.

슬라이스나 훅으로 고민하는 사람이 많습니다.

타구의 방향이 일정하지 않은 사람은 연습장에서 탑의 위치도 체크해 보세요.

우선 클럽이 지면과 평행이 될때까지 어깨를 돌려 탑 오브 스윙을 만들어 주세요.

그때 다른 사람에게 봐 달라고 부탁해 봅니다.

이때 클럽방향이 목표보다 오른쪽을 향하는 사람은 슬라이스나 높이 뜨는 볼이 나기 쉽습니다.

반대로 목표의 왼쪽을 향하는 사람은 플랫스윙으로 훅이나 낮은 타구가 되기 쉽습니다.

탑에서 클럽의 방향은 목표에 평행으로 향하는 것이 기본입니다.

수평… 그것이 중요한 거로군요.

탑 오브 스윙은 칠 태세를 만드는 일 입니다. 기본으로 충실한 탑을 만들지 않으면 안정된 샷을 얻을 수 없습니다

나는 아직도 백스윙때 몸이 오른쪽으로 움직이는 것 같아요.

고칠 방법이 있을까요?

물체를 이용해서 연습해 보세요.

물체에 닿을 정도로 백스윙을 해봅니다.

물체에 허리가 닿을 것 같으면 몸이 움직이는 겁니다.

몸이 움직여서는 어드레스 자세 때의 클럽헤드 모양대로 돌아오지 않습니다.

의자나 기둥같은 물체를 허리에 대고 이용하는 연습을 해보세요.

나…이런 엉터리…

옥신 각신

?

이용할 물체가 없다고 날보고 엎드려있어 달라는 거예요.

그럼 이곳에 공을 하나더 놓고 쳐보세요.

조사장님은 여전히 슬라이스가 나오는군요.

티업한 공의 조금 뒤쪽위에 공을 하나더 놓습니다.

또다른 하나의 공

어이쿠

뒤에 있는 공도 맞았어요.

그건 헤드가 인사이드를 휘두르고 있는지 아닌지를 아는 방법입니다.

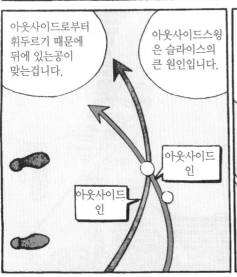

아웃사이드로부터 휘두르기 때문에 뒤에 있는공이 맞는겁니다.

아웃사이드스윙은 슬라이스의 큰 원인입니다.

아웃사이드 인

아웃사이드 인

클럽은 인사이드인으로 쳐야만 합니다. 그렇게 되면 다른 공이 맞을 턱이 없지요.

이 연습으로 자신의 스윙이 인사이드인으로 휘둘러지고 있는지 체크해 보십시오.

265

나도 때때로 슬라이스가 나는데…

원인은 여러가지가 있지요.

탁씨는 테이크백에서 왼발꿈치가 들리고 다운스윙에서 내려놓습니다.

문제는 다운스윙 때에 내릴 때 입니다.

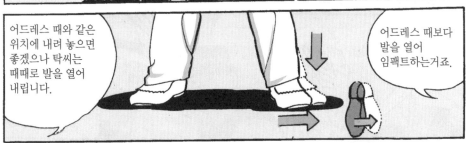

어드레스 때와 같은 위치에 내려 놓으면 좋겠으나 탁씨는 때때로 발을 열어 내립니다.

어드레스 때보다 발을 열어 임팩트하는거죠.

왼발이 열리면 몸도 클럽페이스도 열려 공을 커트해버리기 쉽습니다.

커트볼은 곧 슬라이스의 원인이죠.

스로볼을 칠 때 왼쪽발부터 닫아내리는 프로도 있습니다. 왼쪽발을 닫음에 따라 왼쪽사이드의 열림을 방지하여 손을 되돌리기 쉽게 해 스로볼을 치는 것이죠.

왼쪽발을 내리는 방법에 따라서 미묘하게 구질이 달라진다는걸 명심하세요.

다운스윙에서 왼발을 내려놓는데 따라서 공의 방향이 변한다고 했는데

오른발의 위치는 어떤가요?

어드레스 때 오른발을 연 자세를 취하면 강한 공을 칠수 있습니다.

오른발을 열면 백스윙에서 몸을 많이 틀수 있습니다.

오른발은 영향이 크죠.

또한 다운스윙에서는 몸이 열리는 것이 방지돼 강한 임팩트가 됩니다.

반면에 체중이 왼쪽으로 실려가기 어려운 훅볼이 되기 쉬우니 주의해야 합니다.

반대로 오른발을 목표에 직각으로 닫아 자세를 취하면 백스윙에서 몸의 틈이 작아져 파워있는 공을 치기 어렵습니다. 그러나 몸의 축이 움직이지 않아 정확하게 공을 히트시킬 수 있습니다. 컨트롤샷에 좋지요.

그러나 다운스윙에서 몸이 왼쪽으로 스웨이하기 쉬우니 페이드나 슬라이스 공이 되는 수가 있습니다.

어이쿠

잘맞았다
안맞았다해요.

부인께선 몸을
지나치게
사용하기 때문에
그래요. 그래선
축이 일정치
않습니다.

축이 움직이면
헤드궤도는
일정하지않아
맞았다
안맞았다하는
겁니다.

그런 사람은
발을 붙이고,
쳐봅니다.

백스윙 때는
왼발을 들지
않고

다운스윙에선
오른발을 올리지
않습니다.

이렇게 하면
헤드의 궤도가
일정해 집니다.

물론 하반신을
묶어두고
휘두르므로
풀스윙이
불가능합니다.

그러나 오른발을
붙이는 타법으로
축을 고정시켜
몸의 움직임을
억제시킨 스윙을
기억할수
있습니다

나는 아무래도 웨지의 백스윙에 자신이 없어요.

뒤땅이 나오거나 정확한 타법이 안돼요.

탁씨의 웨지샷은 백스윙을 낮게 인사이드로 끌어당깁니다.

이것이 샷이 안정되지 않는 원인입니다.

이럴 때 연습방법은 칠 공의 아래 위에 공을 놓습니다.

이 두개의 공에 맞지 않도록 백스윙합니다.

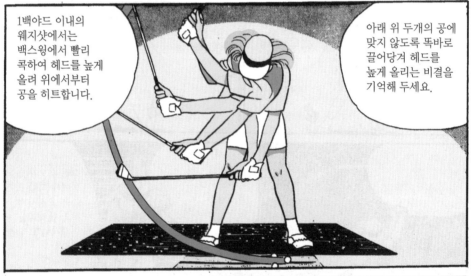

1백야드 이내의 웨지샷에서는 백스윙에서 빨리 콕하여 헤드를 높게 올려 위에서부터 공을 히트합니다.

아래 위 두개의 공에 맞지 않도록 똑바로 끌어당겨 헤드를 높게 올리는 비결을 기억해 두세요.

도대체 탁형이 칠 볼은 어느거요. 연습장도 아니고…

아이고 봐주세요. 연습처럼 실전을 해보는 겁니다.

샷 하기전에 흔히들 왜글을 하는데 왜 하는거죠.

일종의 긴장을 푸는 동작도 되지만 타이밍의 조정을 하는 겁니다.

그러나 여기에도 나름대로의 방식이 있습니다.

예를 들면 손목을 꺾는 것 같은 동작은 안됩니다.

백스윙때 손목을 지나치게 사용할 우려가 있죠.

NO

가능한 양팔꿈치와 어깨로 클럽을 움직이도록 합니다.

이렇게 하면 양팔꿈치에 들어있는 힘을 뺄수가 있습니다.

또한 왜글하는 동안에 스탠스폭의 조정을 할수가 있는데, 이것은 오른쪽발을 움직여 조정합니다. 왼쪽발을 움직이면 방향이 틀려지죠.

누구나 자신의 리듬을 갖고 있습니다.

자기나름대로의 타이밍에서 스윙에 들어갈 수 있도록 왜글을 하지만 샷에 악영향을 주는 동작은 피해야 합니다.

필요없는 동작인줄 알았는데…

조사장님께선 왜 그리 스탠스를 넓게 어드레스를 하나요?

그야 ...

좁게 하면 왠지 스탠스가 불안하고 체중 이동이 잘 안되고 스윙 도중에 스탠스가 자꾸 무너지기 때문입니다.

그건 잘못된 생각입니다.

체중 이동이 잘 안되어 스윙 중에 스탠스가 자꾸 무너지는 분들은 오히려 스탠스 폭을 좁게 서는 연습을 하는 것이 좋습니다.

예?

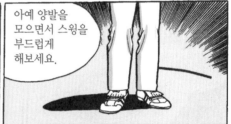

아예 양발을 모으면서 스윙을 부드럽게 해보세요.

백스윙 때 오른발에 완전히 체중이 걸리고, 피니시 때 왼발에 체중이 걸리는 것을 느낄 수 있습니다.

스탠스 폭이 넓을 수록 체중 이동이 어렵습니다. 연습장에서 아예 양발을 모아 더 스윙을 익혀서 체중 이동의 감을 느껴 보십시오.

임팩트 후 피니시를
매끄럽게 하지 못하고
자세가 무너지시는
분이나 왼쪽이 약해
오른쪽으로 밀리곤 하여
거리가 나지 않는
분들을 위해 왼쪽을
강화하는 훈련 방법을
말씀드리겠습니다.

철물점에서 철사나
금속 테이프를 구해서
1kg 정도의 무게를
숏아이언의 목 부분에
감습니다.

그립의 아랫부분을
잡고 양손으로 백스윙
톱까지 스윙해 갑니다.

그 다음 다운 스윙
자세에서는 리드하는 왼손
하나만을 사용해 높은
피니시로 가지고
갑니다.

이는 컨트롤하는 왼팔을
강화할 뿐 아니라 매일 이
운동을 반복하면 임팩트
이후의 스윙이 대단히
좋아집니다.

오른손을 지나치게 많이 사용, 아웃 사이드 인의 궤도를 수정 못해서 괴로워 하시는 분은 오른손의 활용법을 익혀 두시는 것이 효과적입니다.

무릎 높이의 상자 위에 목표물을 두고 5~6m 뒤에서 공을 던지는 연습을 합니다.

오른손가락 끝으로 공을 아주 가볍게 쥐고 아래서부터 위로 토스하듯 목표물에 던지는 연습입니다.

보통의 골프 스탠스를 취해 반복해서 아래서 토스하듯 목표를 향해 던져봅니다.

오른손의 스윙 감각과 다운스윙 때 오른손의 해방감을 느끼게 될 것입니다.

이는 오른손을 강하게 만드는데, 퍼 올리는 스윙과는 다르다는 점을 이해해야 할 것입니다.

스윙의 결점은 어떤 것이며 무엇을 어떻게 고쳐야 좋을지 몰라 고민하는 골퍼가 있습니다.

주위에서 백스윙이 어떻다 임팩트가 어떻다 하고 아무리 말을 해도 자기 스스로 그 감을 알지 못하면 고치기가 어렵습니다.

자기의 나쁜 습관을 자기가 어떻게 알것인가라는 의문입니다.

이럴 때 눈을 가리고 연습티에서 공을 두지 않고 스윙을 해보시기 바랍니다.

놀랍게도 자기의 스윙이 어떤 식으로 되고 있는지 마음 속으로 역력히 전해오는 것을 느끼게 될 것입니다.

자기 스윙을 자기가 볼 수 있다면 개선책은 쉽게 나옵니다. 이런 식으로 마음의 눈으로 자기 스윙을 알 수 있는 방법도 있습니다.

어느 골퍼나 오른손을 지나치게 사용함으로써 고생하는 경우가 많습니다.

클럽의 컨트롤을 왼손이나 왼팔, 왼사이드에 맡겨야 한다는 선 상식입니다.

이렇게 왼손에게 주도된 스윙을 익히려면 다음과 같은 연습 방법이 좋습니다.

웨지나, 9번 아이언을 왼손만으로 강하게 잡습니다.

그 다음 오른손을 가볍게 왼손 위에 모든 손가락이 겹치도록 덮어 씌웁니다.

그 상태에서 연습 스윙을 해봅니다. 이렇게 반복해서 연습이 몸에 배게 되면, 실제 플레이 중의 정당한 그립 때에도 왼쪽 사이드의 컨트롤을 할 수 있으며 지금보다 좋은 샷을 구사할 수 있게 됩니다.

볼을 쳐낼 때 양쪽 팔을 한껏 뻗을 수 없는 골퍼가 많습니다.

어느 경우라도 임팩트 순간에는 양팔과 손을 쭉 뻗은 상태라야 좋은 샷이 나오기 때문입니다.

겨울동안 실내에서 풀로 뻗치는 연습을 해보는 것도 도움이 될 것입니다.

두개의 의자에 허리 높이 정도로 끈을 잡아매고 9번 아이언으로 플라스틱 볼(실내에서 실제 골은 휘청하므로)을 3, 4m 앞에서 칩니다.

보통의 피치샷 스윙으로 끈밑으로 공이 빠져나가게 합니다. 이러기 위해서는 임팩트 시점과 그 후에도 양팔이 똑바로 펴졌지 않으면 안됩니다.

양팔이 임팩트 때나 그 후에도 펴있지 않으면, 튀겨올라 가거나 탑핑이 되어 굴러가거나 끈 위를 넘어가게 될 것입니다.

퍼트 연습을 실내에서 하기란 쉬운 일입니다.

실내에서 숏퍼트에 대한 자신감을 키우는 연습을 하는 것도 괜찮은 일입니다.

이는 표적을 작게 하여 연습하는 방법인데 우선 칠 공의 약 30cm 앞에 또 하나의 공을 둡니다.

이 공을 맞혀 나가는 연습 퍼팅을 해봅니다.

다만 굴러온 공이 앞 공에 부딪혀서 앞 공이 똑바르게 튕겨 굴러 나가도록 쳐줍니다.

매회 앞의 공이 똑바르게 굴러 가도록 공의 중심부에 맞게 되면 거리를 배로 늘려 연습합니다.

이렇게 되면 지름10.8cm의 실제 홀 정도는 모두 넣을 자신이 설 것입니다.

이는 표적을 작게 하여 퍼트 연습을 해주었을 때 작게만 보이던 홀이 꽤 크게 보일 것이며 성공률도 높아질 것입니다.

스윙 중에 바른
임팩트는 샷의
성공에 중요한
요건입니다.

때문에 임팩트는
어드레스 때의
자세로 돌아와
있어야 한다고
누차 주문을
했습니다.

임팩트 순간 몸이
열리거나 팔이
늦게 오거나
빠르다면

거리는 물론
방향 역시
나빠집니다.

정확한 임팩트를 위해
실내에서 연습하는
방법이 있습니다.

클럽 페이스를
기둥이나 벽에
붙이고 어드레스
자세를 취합니다.

그런 상태로 헤드는
움직이지 않은 채
온몸의 근육을
긴장시켰다
이완시키기를
반복합니다.

샤프트가
휘도록 힘을
넣었다 뺐다를
반복합니다.

이렇게 하루 수십번씩
반복하는 연습을
해준다면 놀랄만한
비거리의 향상이 올
것입니다.

겨울에 라운딩할 수 없다고 낙담하거나 지루해 하지 마십시오. 겨울이 여러분의 약점을 보완할 절호의 기회라고 생각하시기 바랍니다.

집 안에서 확실히 스코어를 줄일 수 있는 어프로치 연습은 가능해 집니다. 응접실 소파에서

숏 어프로치로 공을 올려놓는 연습을 해보도록 하십시오.

카펫이나 매트를 이용해서 정확하게 소파 위에 공을 올려 놓는 연습을 하루에 몇십번씩만 계속해 보세요.

아마 봄쯤 되면 숏게임을 능숙하게 하실 수 있게 됩니다.

위험한 곳은 피하시고 플라스틱 공을 구입해서 이 연습을 하신다면 실내에서 가족끼리 즐거운 게임을 할 수도 있습니다.

몸이 추울 때는 그 추위를 이기기 위하여 우리는 몸을 움츠립니다.

골퍼라면 이럴 때 스윙감을 익히는 운동을 하는 것도 좋습니다.

우선 양손을 양 어깨에 가져다 붙입니다.

그리고 스탠스를 취하고 백스윙을 해봅니다.

그리고 다운스윙 임팩트, 피니시를 연상하고 허리를 축으로 해서 돌려주는 연습을 반복합니다.

이렇게 올바른 스윙감을 자주 익혀둔다면 라운드 수가 부족한 겨울에 오히려 나쁜 스윙 습관을 고쳐나갈 기회가 되기도 합니다.

한겨울 동안 봄 시즌을 위해 숙원이던 나쁜 습관을 떨쳐내거나 비거리를 늘려 보자는 계획을 세워 보는 것도 중요한 의미를 갖습니다.

비거리를 늘리는데는 거기에 합당한 근육을 발달시켜 주는 것이 중요합니다.

골프는 우선 손아귀의 힘이 세면 임팩트 때 큰 파워를 일으킬 수 있습니다.

손목과 아귀의 힘을 강화시키는 운동으로 튼튼한 끈의 끝에 추를 달아서 이를 클럽에 동여맨 다음 이를 돌려서 걸어 올려줍니다.

팔과 손목의 힘이 몰라보리만큼 발달해서 임팩트 때 손목의 놀림이 강해져 비거리가 부쩍 늘어납니다.

특히 힘이 약한 여성분들에게 꼭 권할만한 겨울운동입니다. 이 운동으로 비거리를 늘려보시기 바랍니다.

저런 방법은 나만 알아야 하는데.

여성분들이 비만을
방지하기 위해
에어로빅 같은 운동을
하곤 합니다.

만약 골퍼라면 살도
빠지고 어깨의 근육
등 골프에 필요한
근육을 강화시켜주는
것도 좋은 일일
것입니다.

우선 한장의 타월을
준비합니다.

그리고 엎드려서 타월을 잡은
양손을 한껏 치켜들었다 내렸다를
반복하는 운동입니다.

어깨 근육이
몰라보게
강화됩니다.

그리고 엇갈리게
오른손으로 왼발을
왼손으로 오른발을
차례로 잡아당겨주는
운동입니다.

골퍼들은 이와 같이
같은 운동을 해도
필요한 어깨와 팔의
근육을 강화시키는
운동을 한다면 골프에
많은 향상이 따를
것입니다.

골프가 워낙 예민하고 민감한 운동인 관계로 터부시되는 운동이 많습니다.

테니스는 골프와 상극이라 나쁘다든가 볼링은 오른손만 강화시켜주니 나쁘다든가 하는 입니다.

아주 근거가 없는 이야기는 아닙니다.

그러나 테니스나 볼링 등 오른손을 많이 사용하는 운동도 골프 이론에 맞게 해준다면 도움이 될 수 있습니다.

볼링이나 테니스에서 오른손 사용의 리듬을 생각해 보십시오. 어느 운동이나 오른쪽 어깨가 따라가서는 볼링도, 테니스도 좋은 결과가 나오지 않습니다.

어떤 운동이 골프에 좋고 나쁘고를 떠나서 힘을 낼 수 있는 기본 원리는 모든 운동이 같이 가지고 있습니다. 그것을 염두에 둔다면 어떤 운동이든 도움이 되겠지요.

284

그런데 빈 스윙이나 연습장에서 공을 칠땐 스윙이나 구질도 괜찮은데, 필드에 나서면 그 스윙이 나오지 않는건 어떻게 교정해야 하나요?

좋은 질문이에요.

연습장에서의 스윙 동작은 템포감이 있고 대체로 나무랄 데가 없는데

막상 필드에서는 연습장에서의 스윙이 안되곤 합니다.

그래서 연습장 프로라는 우스갯소리도 하곤 하지요.

이는 프로선수도 마찬가지로 느끼는 괴로움입니다.

공은 생각지 않고 휘두르는 빈스윙.

여러개의 공을 놓고 치는 연습장 스윙.

이는 꼭 성공시켜야 한다는 부담감이 없어서 입니다.

그래서 저는 연습장에서 특정코스를 머릿속에 그리고 그 홀을 공략하듯 연습공을 치곤 합니다.

그리고 드라이브 아이언 어프로치 순으로 홀을 공략하듯 연습을 해 보시면 많은 도움이 될 것입니다.

그리고 좁은 시야의 연습장이 안정감을 가져다 주기 때문입니다.

우리가 '연습은
실전처럼 실전은
연습처럼' 이란 말을
많이 씁니다.

연습과 실전에
임하는 정신
상태를 가장
석설히 묘사한
말입니다.

앞서 연습장에서는
특정홀을 상상해서
공략하듯 연습하라고
말했습니다.

반대로 실전에
나가서는 연습장을
떠올립니다.

공이 놓여있는
지점을 연습장
매트라고 상상해
갑니다.

그린을 공략할 때도
연습장의 목표라고
생각합니다.

이는 필드에 나가서
광활하게 전개되는
코스를 잊어버리는
방편입니다.

드넓은 시야에서
벙커와 러프를 피해서
보이는 그린은 주위의
넓은 자연에 의해 무척
작아보여 스윙의
부드러움을 뺏어
갑니다. 필드에서는
연습장의 매트와
목표물을 연상하시기
바랍니다.

필드에만 나가서 공을 치겠다는 욕심만으로는 좀처럼 나쁜 습관이 버려지지 않습니다.

고질처럼 붙어 다니는 나쁜 습관이나 버릇은 겨울동안 연습장에서 고치는 것이 가장 바람직합니다.

슬라이스로 늘 고생하시는 조사장님의 경우 이런 연습을 해보세요.

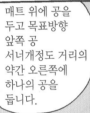

매트 위에 공을 두고 목표방향 앞쪽 공 서너개정도 거리의 약간 오른쪽에 하나의 공을 둡니다.

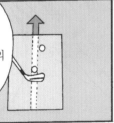

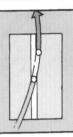

그리고 스윙을 가져가서 공 두개를 다 맞혀 나가는 연습을 하는 것입니다.

이는 자연히 인사이드 아웃의 스윙을 요구하기 때문에 먼저 친 공은 결코 슬라이스가 나지 않습니다.

더구나 공을 바로 맞히고 마는 스윙이 아니라 그만큼 헤드를 앞쪽으로 끌고 나가기 때문에 비거리도 많이 늘어납니다.

골프는 결국 손으로 치는 운동이라 하겠지만 스윙의 힘은 몸의 큰 근육 즉 어깨와 등의 근육에 의해 발생되는 힘이 팔과 손에 전해진다고 보면 옳은 해석입니다.

손목이나 팔꿈치 이하의 움직임으로만 스윙을 하게 되면 터무니 없는 방향의 공이 나오고 거리도 형편없게 됩니다.

양어깨를 잇는 등근육부터 움직이고 그 움직임이 자연스레 팔과 손에 전해지도록 연습을 해봅시다.

결국 이런 스윙은 몸통 전체의 회전을 가져와서 스윙폭이 커지고 힘있는 타구가 나옵니다.

특히 드라이버나 롱 아이언샷일 때는 이 등근육으로 스윙을 한다는 느낌이어야만 좋은 스윙이 나옵니다.

클럽을 쥐고 있는 손 그리고 눈에 보이는 팔에만 집착할 것이 아니라, 등 뒤에 보이지 않는 큰 근육의 힘으로 스윙을 하도록 연습해 둡시다.

아마추어 골퍼에게 가장 나쁜 스윙은 아웃 사이드 인의 스윙이라고 말씀 드렸습니다.

이 나쁜 스윙을 겨울 동안 연습장에서 고쳐보시기 바랍니다.

이는 하프스윙으로 그 스윙점을 체크 하는 것이 가장 이해하기가 빠릅니다.

다시 말해 하프스윙으로 백스윙 때는 왼손 등이 비구선과 평행으로

피니시에서는 오른손이 비구 선과 평행이 되게 자꾸 흔들어서 이 동작을 몸에 익혀둡니다.

자, 조사장님 이 운동만 완전히 몸에 익혀 두신다면 시즌에는 아주 좋은 스윙을 하실 수 있을 것입니다.

좋아 하프스윙으로

다운스윙과 임팩트 때 오른쪽 어깨와 허리가 처진다면 탑이나 뒤땅 발생 확률이 높습니다.

이를 교정하려면 정상적으로 가져간 백스윙에서

스타트와 동시에 오른쪽 무릎을 왼쪽 무릎에 접근시키고

오른쪽 무릎 위가 볼 앞을 향하도록 유도함과 동시에 다운스윙으로 들어갑니다.

이런 느낌으로 다운스윙을 가져간다면 오른쪽 어깨나 허리가 처지는 것을 막을 수 있으며 체중이 왼쪽으로 흐트러지는 내려치기가 없어집니다.

이는 왼쪽 사이드도 견고해져서 피니시까지 자세가 흐트러짐이 없이 깨끗한 마무리 스윙이 되는데도 도움이 됩니다.

스윙이 빨라
고민하는 사람이
많습니다.

스윙이 빠르면
정확도도
떨어지고 힘도
분산되어
임팩트에 힘이
가해지지 않아
거리도 떨어지게
됩니다.

이처럼 나쁜
습관인 빠른
스윙을 고친다는
것은 쉬운 듯
하면서도 어려운게
사실입니다.

늘 빠른 스윙 감각을
가지고 있는 분이
천천히 휘두르라치면
리듬감을 잃어 공이 잘
맞지 않게 됩니다.

이런 분들은 PW나
9번 아이언 정도로
왼팔로만 휘둘러 공을
쳐 보시기 바랍니다.

스윙이 빨라지면
밸런스가 무너지기
때문에 천천히
치지 않을 수 없게
됩니다.

이런 식으로 무리없이
공을 칠 수 있게 된다면
빠른 스윙은 교정될
것입니다.

스윙을 천천히 할 수
있게 되면 임팩트 때
힘을 모을 수가 있어
거리를 얻게 됩니다.
스윙이 빠른 것은 헤드
스피드가 빠른 것하고는
무관합니다.

비거리는 헤드 스피드가 나야만 가능하다고 말을 합니다.

임팩트 순간 헤드 스피드가 거리를 나게 해주기 때문입니다.

이는 스윙이 빠른 것과는 무관합니다.

필드에 나가서 이 헤드 스피드감을 느끼기 위해서는 다음과 같이 연습을 해봅시다.

클럽을 거꾸로 쥐고 왼손만으로 휘두르는 연습을 10회, 20회를 반복해 봅시다.

그리고 직접 바로 잡아 스윙을 해보시면 헤드 스피드가 빠르게 돌아가는 감을 느끼실 수 있게 됩니다.

롱아이언이나
페어웨이우드의
탄도가 낮아서
고민하는 사람이
있습니다.

특히 롱아이언의
탄도가 낮아 그린을
공략하려 하면 굴러
넘어가게 될 것 같아
망설여지는 경우가
있습니다.

탄도를 높이려
한다면 목 높이를
고정해야 합니다.

다시 말해서 스윙
도중 목을 숙였다
높였다 하지말고
고정시키라는
뜻입니다.

그 다음 임팩트에서
팔로우까지를 의식해서 턱
아래로 오른쪽 어깨를
집어넣듯 휘둘러 빼면
탄도가 높아집니다.

우드샷이 너무 뜨는 사람 중에 백스윙에서 잘못되는 경우도 흔히 볼 수 있습니다.

즉, 백스윙 때 콕이 빠른 경우입니다.

손목의 콕킹은 자연스럽게 탑에서 형성되어야지, 미리 꺾어버리면 손목치기의 샷이 되어 나쁜 결과를 초래합니다.

거리도 떨어질 뿐 아니라 뒷땅이나 뜨는 볼이 나오기 때문입니다.

어드레스 때 양팔과 양어깨로 만들어진 삼각형을 그대로 유지한 채 손이 허리 높이까지 오도록 백스윙해 줍니다.

허리 높이까지 올라간 손을 위로 쳐 올려주는 백스윙이 되어야 합니다. 손목 콕킹은 탑에서 느껴져야 합니다.

백스윙시 왼쪽 어깨가 밑으로 쳐지는 폐해는 여러차례 말씀드렸습니다.

뒷땅과 탑볼의 원인이 되며

몸통이 돌아가지 않고 어깨만 상하로 움직이기 때문에 거리도 형편없습니다.

이는 꼭 고쳐야 할 백스윙의 자세인데 잘 고치지 못하는 골프의 나쁜 습관입니다.

맞아. 이론은 아는데 잘 안되지…

이를 고치기 위해 어드레스 때 공의 뒷면에 두 시선의 각도를 바꾸지 말고, 그대로 왼쪽 어깨를 턱 밑으로 밀어넣듯 충분히 회전시켜 보세요.

왼쪽 어깨가 처지지 않고 몸통이 긴장될 만큼 회전된다는 느낌을 받게 될 것입니다.

겨울철 필드에 나갈
기회가 적어서 연습장에서
샷을 다듬게 되는데
라운딩 때보다 재미가
덜해서 게을러지게 되곤
합니다.

그래서 겨울동안
골프와 완전히 인연을
끊은 골퍼가 봄철
시즌 애를 먹는 것을
봅니다.

이를 극복하기 위해
즐겁게 연습하는
법이 있습니다.

골프는 곧 경쟁심의
경기입니다. 친구분들과
연습장에서 숏게임의
승부를 가져보는
것입니다.

목표물에 누가
접근시키는가를 서로
경쟁해 보세요.
흥미도 있어지고
숏게임의 명수가 될
것입니다.

시즌 때 여러분은 놀라울
만큼 숏게임에 능해져 있을
것입니다. 스코어를 줄이는
것은 숏게임에 달려
있습니다.

짧은 숏어프로치 때
탑핑이나 뒷땅만
없다면 골프는 한단계
발전하게 되지요.

그 만큼 짧은
어프로치는 뒷땅과
탑핑이 많이
발생합니다.

숏어프로치는 절대
손목을 써서는
안된다는 원칙이
있습니다.

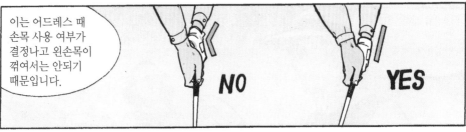

이는 어드레스 때
손목 사용 여부가
결정나고 왼손목이
꺾여서는 안되기
때문입니다.

NO   YES

왼손목을 꺾지않고
어드레스를 하게 되면 자연히
공보다 손이 앞쪽으로
치우치게 됩니다.

이 상태에서 임팩트
때는 클럽헤드가
손보다 앞으로 나오지
않게 해줍니다. 짧은
거리이니까 스윙
끝까지 손목은 쓰지
않아야 합니다.

아마추어 골퍼들의 경우 어느 경지에 들어서면 가장 어려워 하는 것이 100m 안쪽의 미묘한 거리의 샷입니다.

차라리 피칭이나 8-9번 아이언을 풀샷으로 치는 거리면 자신이 있는데

50m나 70m의 거리에서 힘 조절은 무척 어려워 합니다.

거리 조절은 백스윙이나 팔로우의 크기로 조절하라고 말씀드렸습니다.

그러나 그렇게 거리를 맞히는데 신경을 쓰다보면 방향이 엉뚱해집니다.

이처럼 짧은 거리는 팔로만 치려는데서 방향이 나빠집니다.

이 경우 백스윙시 왼쪽 겨드랑이를 붙여둔 채 가져갔다가

다운스윙으로 이어질 때까지 겨드랑이가 떨어지지 않는 느낌으로 부드럽게 샷을 해줍니다.

철저히 왼손 리드감을 느끼게 되며 방향도 매우 좋아집니다.

아마추어나 프로들에게서 거리에 대한 그리움은 영원하다고 말할 수 있습니다.

거리는 큰 스윙아크에서 임팩트 순간 헤드 스피드가 남으로써 얻어진다고 했습니다.

이 헤드 스피드를 내는 요령 한가지를 알려 드리겠습니다.

헤드 스피드는 백스윙 탑에서 만들어진 콕이

다운 스윙시 가능한 늦게까지 가져갔다가 일시에 풀리는 듯한 느낌이라야 빨라집니다.

이렇게 콕을 늦게 풀리게 해주기 위해 백스윙의 궤도보다 다운스윙의 궤도가 몸 안쪽을 통해서 내려오도록 노력합니다.

소위 몸에 붙여 내려오라는 주문을 하는 이유가 거기에 있습니다. 몸 안쪽으로 끌고 내려온다면 콕은 자연히 늦게 풀어지며 헤드 스피드가 나게 됩니다.

양손을 몸에 붙여 인사이드인의 스윙연습을 익혔으면 풀스윙으로 연계 시켜야 합니다.

골프 가방을 앞에 두고 클럽 하나를 옆으로 놓게 합니다.

몸쪽으로 걸친 클럽은 양손이 통과될 수 있을 만한 공간을 만들어 하나의 문을 만듭니다.

그런 다음 직접 공을 때려 보는 것입니다.

양손과 클럽이 몸에서 멀리 떨어진 상태가 된다면 공을 칠 때 걸쳐놓은 샤프트를 건드리게 됩니다.

이는 잘못된 인사이드 아웃의 스윙궤도라는 것을 알 수 있습니다.

천천히 타구의 방향에 신경쓰지 말고 걸쳐진 샤프트에 손이 닿지 않도록 몸 가까이 양손을 붙어내려 오도록 스윙을 합니다.

이와 같은 연습으로 스윙의 포인트를 그립 끝에 맞추어 인사이드인의 깨끗한 스윙 감각을 익힌다면 분명 엄청난 발전이 있게 될 것입니다.

딱

조사장님은
테크백에 문제가
있어요.

예?

테크백에서
클럽헤드부터
올라갑니다.

이래서는
손끝으로 홀쩍
올리는 형태가
되어, 어깨가
돌아가지 않아
몸을 사용한 큰
스윙이 못됩니다.

테크백은 어깨,
양팔이 동시에
올라갑니다.

손끝으로
올려서는
안됩니다.

어깨, 양팔, 손을
동시에 올리며
동시에 허리를
비틀기 시작합니다.

스윙은 몸의 축을
중심으로
각부분이 일체가
된 회전운동
입니다.

어느 한군데
따로
움직여서는
스무드한
움직임에
방해가 되죠.

또한 올리고
내리는
리듬타이밍도
그 중의 하나
입니다.

몸전체를 올려
톱까지 가면
다음은 팔로우까지
같은 타이밍으로
휘두릅니다.

일사불란 아시죠?
콩가루 집안처럼
제각기가
되어서는 안된다
그겁니다.

우리집이
콩가루집안이라
그 말인가?

아이언샷을 할 때 공의 위치는 롱과 숏이 다른가요?

숏아이언 일수록 공을 오른쪽으로 두는 사람이 많습니다.

그러나 내 경우는 특수한 때를 빼고는 공의 위치는 항상 같습니다.

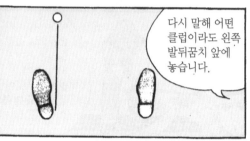

다시 말해 어떤 클럽이라도 왼쪽 발뒤꿈치 앞에 놓습니다.

공이 같은 위치에 있으면 언제나 좋은 스윙으로 칠수 있습니다.

공의 위치가 변하면 스윙도 바뀌어 버립니다.

단, 클럽에 따라 스탠스는 변합니다.

작은 클럽일수록 스탠스가 좁아지게 되죠.

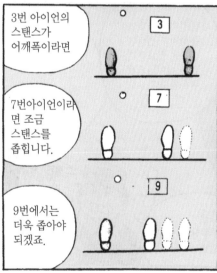

3번 아이언의 스탠스가 어깨폭이라면

7번아이언이라면 조금 스탠스를 좁힙니다.

9번에서는 더욱 좁아야 되겠죠.

3

7

9

또한 8번 이하의 클럽이면 조금 오픈스탠스로 서기 때문에 앞에서 보면 공이 가운데로 치우친 것처럼 보입니다.

그러나 그것은 스탠스가 변했기 때문이지 공의 위치가 변한 것은 아닙니다.

피칭웨지

연습장에서는 막연히 많은 공만 칠 것이 아니라 1구1구 목적을 가지고 치는 버릇을 길러야 합니다.

예를 들어 7번 아이언을 연습한다고 하면

우선 목표를 정합니다.

스탠스 폭은 좋은지.

몸은 목표에 스퀘어로 향하고 있는지.

정확히 쳤으면 어느 정도의 거리가 나오는지?

클럽을 짧게 잡고 컨트롤 샷을 쳐보고

미스가 나오면 원인을 체크하고

이렇게 1구1구 신중하게 치면 100구나 150개 정도로 피곤해 집니다.

클럽도 3개나, 많아야 5개 정도의 클럽을 집중적으로 연습하는 편이 효과적입니다.

이젠 라운딩 하기에 최적인 계절이 왔습니다.

그럼 다음부터는 다시 코스에 나가 라운딩레슨을 시작합시다.

뭔가 달라진 모습을 보여줘야지.

비기너 딱지를 뗄 수 있을까?